썰로 시작해 재미로 끝내는 속성 세계사 30

찌라시 세계사

◆ 김재완 지음 ◆

위즈덤하우스

들어가는 말

총 제작 기간 3년, 구글어스를 통한 전 세계 역사 현장 눈팅 올로케! 총 한약 값 100만 원을 투자하여 탈고한 《찌라시 세계사》가 드디어 독자 제위 여러분에게 인사를 드리게 되었습니다.

유홍준 교수님처럼 현장을 발로 뛴 것도 아닌 주제에 두 번째 책 출간까지 이리 오랜 시간이 걸린 이유는 필자의 본캐(본 캐릭터)가 20년 차 직장인이기 때문입니다. 회사에 다니며 글을 쓰다 보니 시간이 부족하고, 부족한 시간을 보충하려다 보니 몸이 견디지 못하는 악순환이 이어졌습니다. 그리하여 한약값으로 물경 100만 원을 투자한 끝에 원고를 출판사에 넘길 수 있었습니다.

연예인도 아닌 제가 부캐(부 캐릭터)를 가진 사연을 잠시 들려드릴까 합니다!

16년 차 직장인이던 새해 첫날, 제 책상이 사라졌고, 좌천의 쓰라림에 허우적대다 보니 공황장애가 1+1로 배달되었습니다. 삶의 의미도, 마지막까지 남았던 한 줌의 자존감도 먼지가 되려고 할 때쯤 그분(부인마마)의 계시를 들었습니다.

"여보! 일단 회사에 다니면서 이직을 준비하고, 퇴근하면 당신이 좋아하는 글을 한 번 써봐요."

마흔이 넘은 나이에 이직은 어려웠고, 글쓰기는 더욱 어려웠지만 재미있었습니다. 몸에 해로운 기름 같은 근엄함을 쏙 뺀 역사 글은 각종 인터넷 커뮤니티에서 화제가 되었고, 《찌라시 한국사》(쌤앤파커스, 2018)로 출간되었습니다. 첫 책은 출간과 함께 교보문고, YES24 등의 역사 분야 베스트셀러에 이름을 올리며, 이제 나도 전업 작가가 되는 것인가 하는 망상을 잠시 꾸게 했습니다. 그러나 유시민, 설민석의 베스트셀러처럼 오래 버티지 못하고, 6주 만에 역사 분야 베스트셀러 자리에서 치워졌습니다.

그래도 행복합니다. 본캐는 내일 잘려도 이상하지 않은 중년 아재가 되었지만, 작가라는 부캐를 얻었기 때문입니다(애정이 더 가는 쪽을 본캐로 칭해야 하는 것이 아닌가 고민하는 사이, 부인마마께서 돈을 더 잘 벌어오는 쪽이 본캐라는 명쾌한 해석을 내려주셨습니다).

첫 책을 출간하는 것보다 더 어려운 것이 두 번째 책 출간이라는데 무명의 저자에게 소중한 기회를 준 위즈덤하우스 관계자 여러분, 사랑합니다!

역사책 서문이니 이제 부캐 작가로 돌아와 멋있는 척을 좀 하겠습니다.

이 책은 저의 개인적인 물음에서 시작되었습니다.

'왜 사람들은 사극이나 역사를 다룬 미드에 열광하지만, 정작 역사는 어렵다고 말할까? 역사를 사랑하지만 권위도, 권위 의식도 없는 내가 역사를 재미있는 이야기처럼 글로 풀어낸다면 많은 사람이 역사를 즐길 수 있지 않을까?'

이런 물음에 대한 답변으로 조금은 가벼워 보일 수 있는 제목과 문체의 《찌라시 세계사》라는 결과물이 나오게 되었습니다. 하지만 역사를 누구보다 사랑하는 한 사람으로서 준비는 무겁게 했습니다.

이 책은 세계사에 대한 배경 지식이 없어도 각 에피소드를 드라마처럼 즐길 수 있게 구성했습니다. 또한, 글 중간중간 역사 지식을 쌓을 수 있는 내용을 첨가해, 당신의 교양미를 충전시키기 위한 장치를 귀신같이 마련했습니다. 서른 가지로 구성된, 웹소설보다 재미있는 역사 이야기를 읽고 나면, 당신은 이미 '역알못'에서 탈출해 있을 것입니다.

"역사란 무엇인가"라는 철학적인 물음에 대해 이 책을 쓰며 정리한 생각을 말씀드려볼까 합니다.

역사는 특별한 사람들의 과거 기록이 아닌 오늘을 사는 우리의 이야기라고 생각합니다. 우리의 일상이 훗날 역사라는 이름으로 기록될 사건, 사고와 공존하고 있는 것입니다. 여기서 역사의 주인공이 될지, 방관하는 주변인이 될지는 개인의 몫입니다.

역사를 들여다보며 지도층의 반복되는 실수에 개탄하며 절망하곤 했습니다. 하지만 가까운 곳에서 희망을 보았습니다. 그들의 과오와 의도된 실수를 만회한 이들은 역사에서 소외됐다고 생각한 우리들이었습니다. 히스토리History에서조차 제외된 여성들과 개인의 영달을 포기하고 바보(?) 같은 선택을 하는 이들이 있기에 우리에겐 희망이 있습니다.

역사를 주어가 빠진 도전과 응전의 연속이라고도 하는데, 저는 그 주어는 기득권과 우리라고 생각합니다. 1퍼센트가 세상을 지배하는 것처럼 보이지만, 결국 역사의 승자와 주인은 우리들이었습니다.

지금 이 책을 읽고 있는 당신이 역사의 주인공이라는 사실을 잊지 마세요.

자, 그럼 근엄함을 쏙 빼고, 찰진 재미로 가득 찬 《찌라시 세계사》로 저와 함께 여행을 떠나시죠!

2020년 7월

김재완

차례

들어가는 말 .004

제1부
치열한 전략과 신경전의 명승부:
라이벌 열전

1 지독한 복수전의 시초_ '와신상담'의 유래를 찾아서 .013

2 인질 상황에서도 기회를 만들다_ '토사구팽'의 유래를 찾아서 .025

3 《손자병법》의 진정한 계승자_ 앉은뱅이 손빈의 역습 .033

4 권력 다툼의 라운드에 선 왕권과 신권_ 카노사의 굴욕 .047

5 전설의 무기와 최첨단 무기의 대결_ 로마와 오스만 제국의 무기전 .055

제2부
역사를 움직인 여성들:
허스토리HERSTORY

6 두 남자를 황제로 만들다_ 절대권력을 휘두른 여태후 .065

7 세상에서 가장 악독한 황제의 어머니_ 아들을 폭군으로 만든 아그리피나 .075

8 수치심도 불사한 아름다운 희생_ 백성을 위해 옷을 벗은 레이디 고다이버 .085

9 국가에게 버림받은 영웅_ 전쟁의 희생양이 된 잔 다르크 .091

제3부

엉뚱한 선택이 낳은 위대한 결과:
바보들이 만든 역사

10 3천 년 역사 집필에 필생을 걸다_ 궁형을 선택한 사마천 .101

11 무모한 서역 원정이 비단길을 열다_ 장건의 실크로드 발견 .107

12 세 번의 '참을 인'으로 일본을 통일하다_ 최후의 승자, 도쿠가와 이에야스 .115

13 구국의 기로에서 한 발 물러서다_ 시안사건의 설계자, 장학량 .124

14 로마와 이탈리아를 구한 두 바보_ 킨킨나투스와 가리발디 .132

15 세상의 모든 것이 궁금했던 남자_ '최초의 미국인', 벤저민 프랭클린 .140

제4부

은밀하게, 위대하게:
비밀리에 진행된 음모들

16 킹메이커, 권력을 넘보다_ 진나라의 대부호, 여불위의 최후 .149

17 한 끗 차이로 실패한 암살 시도_ 진시황 암살 프로젝트 .160

18 하루 차이로 실패한 화약 음모 사건_ 가이 포크스와 영국왕 암살 사건 .173

19 스웨덴을 발칵 뒤집은 희대의 미스터리_ 올로프 팔메 암살 사건 .184

20 베트남 전쟁을 일으킨 미국의 진실_ 통킹만 사건과 〈펜타곤 페이퍼〉 .194

제5부

권력을 향해 쏘아 올린 작은 불빛: 세상을 바꾼 혁명들

21 인류 역사의 분기점이 되다_ 프랑스 혁명의 발화점 .203

22 무고한 개인을 파괴한 절대권력_ 드레퓌스 사건 .213

23 아이티를 구한 블랙 스파르타쿠스_ 최초의 흑인 정부를 세운 투생 루베르튀르 .222

24 미국 독립전쟁의 시초_ 반영 감정에서 시작된 보스턴 차 사건 .228

25 손발이 묶인 대통령의 결단_ 칠레를 바꾼 사회주의 정부의 탄생과 결말 .235

26 튀니지에 찾아온 '아랍의 봄'_ 노동자의 분신이 이뤄낸 재스민 혁명 .245

제6부

시시하지만 알고 나면 재미있는 역사들

27 네덜란드, 튤립에 미치다_ 16세기 주식시장을 뒤흔든 가상화폐 .255

28 러시아 황제를 농락한 종교인_ 비선 실세 라스푸틴의 비밀 .262

29 신의 계시를 받은 이슬람의 설계자_ 무함마드와 메카 수복 .270

30 꿈꾸지 말아야 할 것을 꿈꾼 최악의 지도자_ 페루를 망친 후지모리 대통령 .279

제 1 부

치열한 전략과 신경전의 명승부:
라이벌 열전

1

지독한
복수전의 시초
_'와신상담'의 유래를 찾아서

오나라와 월나라의 대결

중국의 춘추시대를 대표하는 춘추오패春秋五霸(제나라 환공桓公,
진나라 문공文公, 초나라 장왕莊王, 오나라 부차夫差, 월나라 구천句踐) 중
오나라와 월나라 간의 매치를 다뤄볼까 해. 세계 4대문명 중 황하
문명에 위치한 제나라와 진나라 이야기가 아닌 당시에는 변방이
라고 불리던 오나라와 월나라의 이야기를 선택한 이유는 재미있
기 때문이야. 두 나라 간의 전쟁을 통해서 우리에게 너무나 익숙한
'와신상담臥薪嘗膽'이라는 사자성어가 탄생하게 되니 재미와 더불
어 교양까지 잡을 준비들 하길 바라.

오자서伍子胥가 일생을 건 복수를 마치고, 오나라 왕 합려闔閭가 즉위한 지 19년이 되던 기원전 496년. 합려에게 적국의 왕 사망 소식이 전해졌어.

"월나라 왕 윤상允常이 죽고, 그의 아들 구천이 왕위를 이어받았다는 첩보입니다."

"그래? 해안가에서 물고기나 잡으며 살던 미천한 것들이 왕이니 어쩌니 하는 꼴도 우습고, 우리 등 뒤에서 감히 우리를 노리는 것도 영 별로였다. 쳐라!"

"바로 준비하겠습니다. 그깟 오랑캐쯤이야. 지금 우리 군사의 전력으로는 식은 죽 먹기입니다."

"더군다나 정권 교체기이니 일이 아주 손쉽겠구나."

오나라 왕과 대부분의 신하가 전쟁을 하기도 전에 마치 승리한 것처럼 일을 서두르자, 오자서가 냉철한 분석과 경고를 동시에 내놓았어.

"그리 간단한 문제가 아닐 것입니다. 월나라는 더는 오랑캐의 나라가 아니옵니다. 또한 그들에게는 천하의 명 신하인 범려范蠡가 있습니다. 범려 개인의 힘으로 전세를 좌지우지할 정도입니다. 우리도 이제 좀더 철저한 준비가 있어야 할 것으로 사료되옵니다."

"무슨 소리오? 지금 우리 오나라 군사력을 무시하는 것이오? 그깟 전략가 한 명이 판세를 뒤엎을 정도라니. 됐고! 빨리 출동 개시!"

최고의 전투력에 오만무도함까지 장착하고 나선 오나라는 오자서의 충고를 현장에서 뼈저리게 느끼게 되었어.

"와! 월나라의 범려가 대단하다는 말을 듣긴 했지만, 이 정도일 줄은 진짜 몰랐다. 분명히 우리가 전력상 한 수 위인데 말이야. 그래도, 보급에서 우리가 앞서니 결국 시간은 우리 편이다."

과연 월나라의 명재상 범려는 범상치 않은 인물이었어. 하지만 월나라가 나름 선전하고 있는 와중에도 시간은 오나라의 편이었어. 이를 모를 리 없는 범려는 왕에게 독대를 요청했어.

"시간은 오나라의 편입니다. 겉만 보기에는 양측의 대등한 싸움처럼 보이지만 보급 문제가 해결되지 않은 이상 결국은 우리가 패하고 말 것입니다. 그래서 소신이 비책을 들고 왔습니다. 이는 절대적인 보안이 필요한 일입니다. 심지어 왕께서도 모르셔야 합니다."

"알겠소. 경이 하라는 대로 내 하리다. 그런데 정녕 나에게도 소상한 작전 내용을 알려줄 수 없단 말이오?"

도대체 무슨 내용이었을까?

범려는 왕에게 전권을 위임받은 뒤 전투에 참여한 60명의 사형수를 은밀히 불렀어. 당시 전쟁에는 사형수나 범죄자들도 동원되었다고 해. 인원이 많은 것이 절대적으로 유리한 고대의 전투잖아.

"내가 너희들을 이리 부른 것은 특수 임무를 주기 위해서다. 여기서 살아서 돌아간다 해도 너희를 기다리고 있는 것은 형 집행뿐이다. 여기 왕께서 직접 서명하신 서류를 보아라. 내가 기획한 특수 작전에 네놈들의 목을 내놓는다면, 남은 가족은 한평생 돈 걱정 없이 살게 해주겠다는 서류다."

60명의 사형수는 범려의 말을 듣자 처음에는 우왕좌왕하며 갈피를 잡지 못하고, 서류의 진위를 따져 묻는 등 야단법석을 떨었어.

"그래. 여기서 안 믿으면 우리가 어쩌겠냐? 저 양반 말대로 우리를 기다리는 것은 전후좌우 아무리 따져 봐도 죽음뿐이네. 가족들에게 평생의 한을 남기고 허망하게 떠날 줄 알았는데, 오히려 다행이지. 우리가 부모, 형제, 자식들에게 줄 수 있는 마지막이자 최고의 선물일걸세. 난 하겠네."

"나도 콜!"

60명의 사형수가 모두 동의한 후, 범려의 작전 명령을 듣고는 모두가 아연질색하고 말았어.

"아니. 나 원 참. 지금 장난하는 겁니까? 그런 작전으로 우리 군이 얻는 게 무엇이란 말이오? 어차피 죽을 목숨이지만 그래도 좀 더 가치 있는 작전에 투입되고 싶소. 이건 아무리 생각해봐도 개죽음 같다 이 말이오."

"본 작전은 어떤 것보다 가치 있고, 우리 군에게 승리의 결정적 기회를 제공해줄 것이니 안심하거라. 우선 너희들은 20명씩 세 개 조로 편성된다. 자, 시간이 없다. 부관의 명령에 따라 어서 움직여라."

한편 오나라 진영의 초소에서는 아무 움직임이 없자 약간의 무료함마저 느끼고 있었어.

"아니! 언제까지 이러고 대치만 하고 있으려나? 보초 서는 것도

오자서
그는 초나라 사람이었지만 평왕
에게 아버지와 형이 살해된 후 오
나라로 갔다. 합려를 보좌해 강대
국으로 키웠고, 마침내 초나라가
함락된 후 평왕의 묘를 찾아 시신
을 파낸 뒤 채찍질을 300번 함으
로써 복수에 성공했다.

지겹다, 지겨워."

"시간은 우리 편이니 기다려보자고. 그나저나 귀신같은 전략의 대
가라는 월나라 합려도 이런 꽉 막힌 상황에서는 어쩔 수 없나 봐."

이때 갑자기 월나라 진영에서 엄청난 함성과 함께 음악이 울려
퍼지며 20명의 무장한 군인(사형수)들이 오나라 진영으로 뚜벅뚜벅
걸어오기 시작했어.

"아니? 웬 음악이지? 게다가 저기 달랑 20명이 겁도 없이 걸어오
는 건 무슨 상황인 거야?"

"그러게 말일세. 일단 보고는 올렸는데, 20명밖에 안 되니, 지켜
보라는 지시일세."

20명의 사형수는 장엄한 음악을 배경으로 오나라 진영 코앞까지 뚜벅뚜벅 걸어오더니, 갑자기 멈췄어. 오나라 진영 전체가 숨을 죽이고 그들이 하는 짓을 주시하고 있었어. 그런데 아무도 예상하지 못한 장면이 이어졌어. 사형수들은 손에 들고 있던 칼로 한 치의 망설임도 없이 자신들의 목을 그대로 베어버렸어.

"뭐…… 뭐냐? 갑자기 뭐 하는 짓이야?"

오나라 진영 전체에 이 소식은 퍼졌고, 월나라 병사들의 이유를 알 수 없는 행동에 귀추가 주목되었어. 이어서 2조 20명이 다시 오나라 진영으로 걸어오기 시작했고 같은 방법으로 자결했어. 이쯤 되니 다른 지역의 초병들까지 자살 특공대를 구경하기 위해 몰려들었고, 마지막 3조가 움직이자 전 병력의 시선이 그들에게 집중되었어. 이때 오자서가 황급히 나서서 전열 재정비를 지시했으나 이미 때는 늦었어.

"함정이다. 죄수들을 동원하여 우리의 시선을 유인한 후 후방으로 월나라가 공격해올 것이다. 전 부대원은 자신의 위치로 지금 즉시……."

"기습이다!"

오자서는 그렇게 경계하던 월나라의 범려에게 보기 좋게 당하고 말았어. 자살 특공대에 온 정신이 팔려, 대열이 완전히 흐트러져 있던 오나라는 월나라의 전면적인 기습 공격에 그대로 무너지고 말았어.

장작 위에서 복수를 다짐하다

이 와중에 오나라 왕 합려는 발가락에 깊은 상처를 입고 급히 후퇴했으나, 출혈이 너무 심했어.

"내 아들 부차야! 반드시 나의 원수를 갚아다오. 그리고 오자서의 경고를 절대 무시하지 말아야 한다."

"아바마마! 염려 마시옵소서. 소자 한시도 낭비하지 않고, 오직 아바마마의 복수만 생각하겠습니다."

이날 이후로 부차는 아버지의 원수를 갚기 위해 부드러운 침상에서 자지 않고, 딱딱한 장작 위에서 잠을 잤다고 해. '와신상담' 중 '와신'은 이렇게 완성되었어.

오나라 왕 부차는 복수의 대명사 오자서가 옆에 있어서인지 1분 1초도 낭비하지 않고, 오직 아버지의 복수만을 생각했어. 그나저나 장작 위에서 잠을 제대로 잘 수 있었겠어? 그는 항상 퀭한 눈으로 저녁이 있는 삶 따위는 버리고 살았지. 한편으로는 강력한 군대를 키우며 복수의 칼을 갈고 있으니, 월나라의 왕 구천은 신경이 쓰일 수밖에 없었어.

"아놔! 저 인간 봐라. 듣자 하니 자기 애비 복수를 하겠다고 잠도 장작 위에서 잔다며? 애쓴다, 애써. 참 열심히들 산다. 그 수고 좀 내가 들어줘야겠구나. 네놈이 복수의 칼을 채 갈기 전에, 선제공격이다!"

이때 월나라 전력의 반이라고 해도 과언이 아닌 신하 범려가 반대하며 나섰어.

"지금 시점에서 선제공격은 결단코 아니되옵니다. 제가 여러 변수를 고려하여 적절한 시기를 따져 보고 있사오니 조금만 기다려 주시옵소서."

"됐소이다. 내가 언제까지 경에게 의지하고 국정을 운영해야 하오. 부차가 더 강해지기 전에 싹을 잘라야 할 타이밍이오."

"제발 이 작전을 거두어주십시오!"

하지만 월나라 왕 구천은 범려의 말을 무시하고, 공격 명령을 내렸어. 그는 어쩌면 범려의 그늘에서 벗어나고 싶었던 게 아닐까? 하지만 결과는 대참패였지.

구천은 장작 위에서 잠을 자던 오나라 왕에게 대패하고, 패잔병 5천 명만 데리고 회계산으로 겨우 도망쳤어.

"내…… 내 고집이……. 여봐라, 범려를 어서 들라 하라! 혹시 전투 중에 사망한 것은 아니겠지? 우리 범려는 어디에 있느냐!"

회계산은 이미 오나라 군사들에게 완전히 포위된 상태였어. 막다른 골목에 도달해서야 범려의 의견을 무시한 것을 후회하고 있었지만, 이미 때는 늦었어. 그래도 믿을 것은 범려뿐이었던 거지. 범려가 한참을 고민하다 입을 열었어.

"흠…… 지금 상황에서는 구차하지만, 목숨을 구걸하는 방법밖에 없습니다."

"자, 장작 위에서 잠을 자면서 이를 갈던 자인데 나를 살려줄까?

어차피 죽을 거 자존심이라도 세우며 죽어야 하는 거 아닐까? 아냐, 그래도 사는 게 낫긴 한데, 정말 그게 최상의 비책이오?"

"솔직하게 말씀드릴까요? 목숨을 부지할 확률은 5퍼센트 미만입니다. 그래도 여기서 죽는 것보다는 낫습니다. 방법은 오직 하나, 철저하게 엎드려야 합니다. 막대한 전쟁 배상금 지불을 약속하고, 군주로 모실 것을 맹세하신다면 살아남을 가능성이 조금은 더 올라갈 것입니다. 이것이 제가 드릴 수 있는 최선의 비책입니다. 또다시 전하께서 독단적인 판단을 하시든지, 제 말을 따르든지 선택은 직접 하실 수 있습니다."

"아니요. 내 경의 말을 따르리다. 어서 항복의 예를 갖춰주세요. 내 최선을 다해서 인생 연기를 펼쳐 보이리다."

범려는 자신의 경고를 무시한 왕이 원망스러웠겠지만 어쩔 수 없는 충신이었어. 더군다나 매우 뛰어난 두뇌와 수완을 가졌지!

"확률게임을 조금 더 높일 수 있는 두 가지 비책이 있습니다. 오나라 측에는 오자서 같은 충신만 있는 것이 아니라 '백비伯嚭' 같은 쓰레기 신하도 있습니다. 백비는 돈이라면 사족을 못 쓰는 인간입니다. 제가 백비에게 뇌물을 먹이고 전하의 목숨을 보전할 수 있는 여론을 조성할 것을 부탁하겠습니다. 그리고 서시西施라는 여자가 있습니다. 만일의 사태를 대비하여 제가 몇 년 전부터 준비해온 아이입니다. 오나라 왕의 눈과 마음을 흐리게 할 미모를 가졌습니다."

"역시 범려 당신뿐이오. 내가 만약 목숨을 건진다면 앞으로는 죽는 날까지 그대의 말을 무조건 따르리다."

오나라 왕 부차는 중국에서 흔히 말하는 강남인(현재의 강소성, 절강성 일대)이야. 이 지역 사람들은 감수성이 풍부한 예술인에 가까운 기질을 갖고 있는 게 특색이야. 천성이 냉정한 킬러의 면모와는 거리가 먼 사람이야. 반대인 성격이 이 당시 초나라(현재의 호남, 호북 지역, 대표 인물로 모택동毛澤東이 있음) 사람들이야. 전문용어로 화끈한 성격이야.

이제 월나라 전력의 절반이라는 명재상 범려가 세운 두 개의 작전이 가동될 차례야.

먼저 포위 도중 오나라 왕 부차에게 용서를 구한다는 명목으로 여인 서시가 바쳐졌어. 이름에서 풍기는 일차원적인 느낌 그대로 그녀는 미모뿐 아니라 지적인 여자였어. 부차는 감수성이 풍부한 강남인답게 미모보다 대화가 통하는 여자가 이상형이었어. 서시가 이제 작전을 펼치기 시작했어.

"전하! 전하는 다혈질인 초나라 애들과는 다른 강남인이십니다. 진정한 승자는 궁지에 몰린 적에게 관용을 베푸는 것이라고 생각합니다. 어차피 월나라 구천은 전하의 발톱에 때만도 못한 자입니다. 굳이 저런 자를 죽여서 전하의 고결한 인품에 흠집을 낼 필요가 있을까요? 호호호."

"어찌 너는 내 생각을 그리도 잘 꿰뚫고 있단 말이냐? 서시 네가 웬만한 신하들보다 훨씬 낫구나. 나도 그리 생각하고 있다만, 신하들의 반대가 분명히 있을 것이라 걱정이구나."

이때 월나라의 뇌물을 잔뜩 먹은 재상 백비가 나섰어.

"두 분의 시공간을 초월한 범우주적인 담화를 듣고 있자니 고개가 저절로 숙여집니다. 저 같은 인간은 감히 생각하지 못한 일을 어찌 그리 쉽게 말씀하실 수 있으신지요. 전하의 고결하고 숭고한 뜻을 제가 받들어 총대를 메겠습니다. 대신들과 백성들의 여론은 제가 이 한 몸 바쳐 버텨내겠습니다."

"그래! 월나라 왕 구천을 내가 대승적 차원에서 용서하는 것으로 하자."

여인 서시가 왕의 마음을 가리고, 돈 벌레 백비가 거드니 일은 일사천리로 진행되었어. 하지만 제3의 눈을 가진 복수의 화신 오자서가 반기를 들고 나섰어.

"요즘 나라 꼴이 엉망으로 돌아가고 있습니다. 장작 위에서 주무시면서 와신하시던 때를 잊으셨습니까? 어쩌면 지금이 월나라 왕을 제거할 마지막 기회일지도 모릅니다. 여기서 관용이라니요? 용서라니요? 천부당만부당하신 말씀이옵니다."

오자서가 느닷없이 들이닥쳐 노기 어린 목소리로 왕에게 직언하니 서시가 작전 타임을 요청했어.

"나으리. 지금 왕께서 잠시 휴식이 필요하시니 잠시만."

전반전을 급하게 종료시키고 라커룸으로 왕을 불러들인 서시!

"전하. 저자는 너무나 무례하옵니다. 이미 왕께서 결정하시고 모든 대신들이 결정한 일을 뒤집자고 하다니요. 또한 저는 평소 저자의 눈이 몹시도 무서웠습니다. 16년간 오직 복수 하나만을 생각하고 살다, 시체에다 매질을 한 사람이 아니오니까? 마마와는 결이 다른 사람입니다. 저는 저자가 두렵습니다. 오자서가 궁에 계속하여 들락거리면 제가 정상적인 생활을 할 수 없을 것 같사옵니다."

결국 오나라는 회계산을 겹겹이 둘러싸고 있던 포위망을 풀어주었어. 대신 월나라의 기둥인 신하 범려를 인질로 잡아두긴 했어. 월나라 왕 구천은 범려의 직언을 따라 오나라 왕에게 굴욕적인 항복의 예를 갖추고, 그대로 본국으로 줄행랑을 쳤어.

치욕적인 패배를 당한 월나라 왕 구천은 자신의 방 한가운데 쓸개를 매달아놓고, 마음이 해이해질 때마다 쓸개를 맛보았다고 해. '와신상담' 중 '상담'은 이렇게 탄생했어.

또 어떤 반전이 일어날지 다음 장에서 확인해보자고.

2

인질 상황에서도 기회를 만들다

_'토사구팽'의 유래를 찾아서

범려, 위기를 기회로 만들다

월나라 왕 구천은 오나라를 향한 복수의 칼을 갈며 하루하루를 보냈어. 마음이 해이해질 때마다 쓰디쓴 쓸개를 맛보면서 말이야. 한편 월나라 최고의 지략가인 범려는 오나라에 인질로 남게 되었어. 오자서가 월나라 왕 구천의 귀국은 허락해도 재상인 범려는 절대로 안 된다고 생떼를 써서 얻어낸 결과물이야. 미녀 서시가 왕에게 아무리 귀에 바람을 불어넣어도 범려의 본국 송환만은 실패!

하지만 범려는 적국에서 인질로 있으면서, 위기를 기회로 만들었어. 적국의 정세를 파악한 후, 고국의 왕에게 서신으로 조언을 계속해줬어.

"더 바짝 바닥에 엎드리셔야 합니다. 오나라에서 우리를 아예 투명 인간 취급할 정도로 무시를 받아야 합니다. 그것만이 살길입니다. 본국에서 반성문이나 쓰고 재물만 바치는 걸로는 부족합니다."

"아무리 내가 패전국의 왕이기는 하지만 명색이 왕인데 도대체 뭘 얼마나 더 하란 말이오?"

"오나라로 직접 오셔서 왕에게 수시로 문안 인사를 하셔야 합니다. 사실 그걸로도 모자랍니다. 여기로 오셔서 오나라 왕 부차의 아버지 묘에 가서 풀도 뽑고 주변 청소를 직접 하시면 더할 나위 없을 것입니다."

이렇게 범려에게 원격 조정당한 월나라 왕 구천은 오나라를 직접 방문했어. 국빈 방문의 형식? 그런 건 당연히 없었지. 월나라 왕 구천은 오나라 왕에게 굴욕적인 문안 인사를 마친 후, 범려의 조언대로 오나라 왕 아버지 묘지에 가서 직접 풀도 뽑고 열심히 일을 했다고 해.

쓸개와 간을 빼놓는 내공의 대가

이건 마치 복수를 위해 자신의 발톱을 감춘 쓸개 내놓음의 내공이 아닐 수 없어. 범려의 계속되는 조언대로, 간이고 쓸개고 다 빼놓고 바짝 엎드리니 오나라 왕 부차는 월나라 왕 구천의 인생 연기에 완전히 속아 넘어갔어.

"아니 저 인간은 그래도 왕이란 작자가 너무한 거 아니냐? 자존심도 없나? 가만 혹시? 으하하! 나의 카리스마에 완전히 압도되었구나."

이때 범려가 꽂아둔 서시가 남자의 자신감과 자만심을 더욱 자극했어.

"소녀도 그리 생각하옵니다. 왕께서 베푸신 더 넓은 아량에 저 인간은 완전히 매료된 것 같사옵니다. 더군다나 이제 힘도 없으니 별 도리도 없지만요. 이참에 더 큰 아량을 베푸신다면, 대대손손 왕에 대한 칭송이 끊이질 않을 것입니다."

"더 큰 아량이라 했느냐?"

"어차피 월나라는 이제 재기불능의 상태입니다. 월나라 신하 범려를 굳이 여기 인질로 잡아둘 필요가 있을까요? 아직도 우리가 그들을 두려워하는 것 같다는 인상을 대중에게 줄 필요가 있을까요?"

"옳거니. 네 말이 맞도다. 자기 나라 왕이 우리 아버지 묘지기를 하는 판에 신하 놈 하나를 인질로 잡아두면 모양새가 오히려 안 좋겠구나. 여봐라! 범려 그자를 본국으로 송환하도록 하라."

이렇게 왕을 필두로 모두가 안일함에 빠져 있을 때, 오직 오자서만이 매의 눈으로 범려와 월나라를 주시하고 있었어.

"아니되옵니다. 범려의 송환 조치는 호랑이를 우리에서 풀어주는 것과 같은 어리석은 짓이옵니다."

"뭐라? 내가 결정한 일에 대해서 어리석다고? 이 양반이 보자 보자 하니까. 내가 누군지 알아? 나 오나라 왕이야! 내가 범려나 월나라 왕 따위에게 쫄 것 같아? 당신의 그 지나친 걱정으로 인해 우리가 중원으로 나가지를 못한다고."

이때 오나라 왕 부차는 이미 범려나 월나라는 안중에도 없었고 중원으로의 진출을 노리고 있었는데, 사사건건 오자서가 월나라를 조심하라고 걸고넘어지니 폭발하고 말았어. 그렇게, 두 사람의 사이는 점점 멀어져만 갔어.

이런 와중에 부차가 오자서를 이웃인 제나라에 사신으로 발령을 내버리니, 둘 사이의 감정의 골은 깊어질 대로 깊어졌어.

'아! 나는 오직 충심에서 한 이야기인데, 왕은 나를 멀리하려고 하는구나. 나도 보험을 하나 들어놔야겠다.'

오자서는 외교관 발령장을 받아 들고 제나라로 떠난 후, 본국으로 재입국할 때 자기 아들을 제나라에 남겨 두고 혼자 귀국했어. 이런 좋은 먹잇감을 서시가 놓칠 리가 없었지.

"전하. 오자서에 대한 기이한 소문을 들었사옵니다."

"휴! 그자에 대한 이야기는 그만해라. 나도 너만큼 그자가 싫다."

"그래도 꼭 아셔야 할 것 같아서 드리는 말씀입니다. 오자서 그자가 제나라에 아들을 남겨 두고 귀국했다고 하옵니다. 이는 필시

서시
월나라 왕 구천이 오나라 왕 부
차에게 복수하기 위해 미인계를
썼을 때 선발된 미녀로, 부차에
게 총애를 받았다. 결국 부차를
사치와 향락에 빠지게 해 오나
라가 멸망하는 데 결정적인 역
할을 했다.

여기서 역모를 꾀한 후 실패하면 이중 국적을 가진 아들의 목숨을
살리려고 보험처럼 남겨둔 처사가 아니고 무엇이겠습니까? 집착
왕 오자서의 복수심에 대한 깊이를 누구보다 잘 알고 계시지요?"

왕의 눈에 안 그래도 눈엣가시 같던 오자서였어. 왕 부차는 오
자서를 조용히 불러들였어.

"긴말하지 않겠소. 그동안 우리 오나라를 위해 헌신한 그대의
공은 잊지 않겠소이다. 뭐, 사실 절반은 당신 개인의 복수를 위해
서 한 일이긴 하지만. 이 시점에서 서로 아름답게 마무리합시다. 깨
끗이 자결하시오."

산전수전을 다 겪은 오자서도 긴말은 하지 않았어. 하지만 복수

의 화신답게 자결하면서 왕에게 저주를 쏟아부었다고 해.

"어리석은 자여. 그대 이름은 왕이로다. 마지막 부탁이 있다. 내 무덤 주위에 가래나무를 심어 달라."

"어허! 이 양반 봐라. 아무리 막판이라도 왕에게 막말하는 거야 지금? 가래나무는 뭐 하려고? 이유나 들어보자."

"그 가래나무가 자라면 네놈의 관을 만들 것이다."

"이런! 네놈이 완전히 실성했구나. 옛정을 생각해서 무덤이라도 만들어주려고 했거늘! 여봐라! 당장 이자를 끌고 나가서 찢어 죽이고, 시체는 양자강에 던져버리도록 하라."

오자서의 사망 소식이 전해지고, 오나라 국정이 점점 산으로 가자, 바닥에 바짝 엎드려 있던 월나라 왕 구천은 범려를 조용히 불렀어.

"오자서가 죽고 백비가 국정을 농단한 지 벌써 3년이 지났소. 아직도 더 기다려야 하오?"

"그동안 제 말을 따라서 잘 참아주셨습니다. 제 기대 이상이십니다. 한 번에 격퇴하기는 어렵겠지만 지금 출격하시면 승산은 우리에게 있습니다."

범려의 예상은 정확히 적중했어. 두 나라의 국력은 서서히 역전되기 시작했고, 마침내 기원전 473년에 월나라가 오나라를 완전히 멸망시켰어. 훗날 우리는 이를 '오월쟁패吳越爭霸'라고 부르고 있어.

오나라 왕 부차는 '기브 앤 테이크' 하자며, 나도 한 번 살려달라고 애걸복걸을 했으나, 범려도, 왕 구천도 딴청을 부렸어.

'와신상담'이라는 미션은 마침내 이렇게 막을 내리긴 했는데, 주연배우 범려는 떠날 채비를 하고 있었어. 그러자 범려 급의 공을 세운 동료 신하가 의아해하며 물었어.

"아니, 정녕 이렇게 맨손으로 떠난다는 말입니까? 개고생은 우리가 다 하고 이제 각종 포상금에 요직을 차지하고 떵떵거리고 살 일만 남았는데요!"

"당신도 나와 함께 떠나는 것이 좋을 것이오. 우리 왕 범려는 위기 상황에서 같이 할 수는 있지만 평화로운 시대에는 함께할 인물이 못 됩니다."

"그게 무슨 말이오. 오월쟁패가 누구 때문에 된 것인데, 설마 우리를 그리 쉽게 내치겠소?"

"토사구팽兎死狗烹! 토끼 사냥을 마치면 쓸모가 없어진 사냥개는 삶아 먹게 되어 있는 법입니다. 저는 그럼 이만."

토사구팽은 범려와 동료의 대화 중에 나온 사자성어야.

범려는 자신이 직접 뽑아 길러 오나라 멸망의 비밀병기로 썼던 서시와 함께 길을 나섰어.

"나리. 어디로 가시렵니까?"

"그동안 참으로 고생이 많았다. 우선 제나라로 떠날 것이다. 그리고 다시는 정치판으로 돌아가지는 않을 것이다."

"그러하면 앞으로는 무엇을 하실 작정이십니까?"

"글쎄다. 책을 써 볼까? 어찌 나를 따라나선 것이 걱정되는 눈빛이로구나. 하하하."

범려는 병법에 관한 책을 쓰긴 했지만, 오늘날까지 그 책이 전해지지는 않고 있어.

그의 인생 제2막도 그야말로 낭중지추囊中之錐!

범려의 비범함은 재계에서도 엄청난 빛을 발했다고 해. 한국의 재벌 부럽지 않은 막대한 부를 축적한 후, 그가 한 일은 바로 사회 환원이었어.

그리고 범려가 이런 말을 남겼다고 해.

귀한 것이 극에 이르면 도리어 천한 것으로 바뀐다.

3

《손자병법》의
진정한 계승자
_앉은뱅이 손빈의 역습

천재 병법가의 탄생

자, 이제 가문과 배경이 중시되던 춘추시대가 지나고 개인의 역량만 있으면 출세의 길이 좀더 쉬워진 전국시대에 대한 이야기를 들려줄게.

때는 바야흐로 한·위·조·제·연·초·진 등 일명 전국칠웅이 득세하고 있었으니!

《손자병법孫子兵法》을 읽어본 사람은 드물어도 《손자병법》을 처음 들어본 사람은 아무도 없을 거야. 《손자병법》의 저자인 손무孫武의 직계 자손 중 손빈孫臏이라는 자가 있었어. 아무리 실력 제일주의의 시대라고 하지만 이 정도 집안이면 출셋길이 다른 사람들보다 기름칠이 훨씬 잘 되어 있는 것은 당연지사. 하지만 그는 오히려 이런 이점을 살리기보다 숨기는, 뛰어난 인품을 가진 자였어.

'가문의 힘을 등에 업고 출세한들 무슨 소용이랴. 나는 오직 나의 재능만으로 이 전국시대를 헤쳐나갈 것이다.'

아버지가 아들의 이런 마음을 알았다면 뒤통수를 한 대 후려치지 않았을까?

"아니 이놈아. 네 뜻은 내가 충분히 존중한다. 하지만 이 아비가 병법 학교 교장인데 굳이 우리 제나라를 떠나 조나라까지 가는 건 오버하는 것 아니냐?"

"집안의 후광을 받지 않기로 결심했는데, 어찌 아버님이 운영하는 학교에서 공부할 수 있겠습니까? 특혜논란이 있을 수밖에 없을 것입니다. 소자, 반드시 혼자 힘으로 성공하여 돌아오겠습니다."

이렇게 해서 손빈은 타국인 조나라의 병법 학교에 우수한 성적으로 입학하게 되었어. 이때 신입생 손빈의 학교생활 적응을 적극적으로 도와주는 선배 방연龐涓이란 자가 있었으니!

"방연 선배님! 이렇게까지 도와주지 않으셔도 되는데, 참으로 감사합니다."

"네가 뛰어난 학생이긴 하지만 아직 어린 나이다. 또한 타향살이가 얼마나 힘들겠느냐? 내 친동생 같아서 이러는 것이니 너무 쾌념치 말거라."

손빈은 우수한 DNA를 물려받은 덕분인지 외국의 학교에서도 뛰어난 성적을 내고 있었지만, 아직 어린 나이기에 생활하는 데 어려운 부분이 많았어. 거기에 향수병까지 겹치게 되었는데 이럴 때마다 방연이 도와주니 그에 대한 신뢰는 날로 깊어갔어.

그러나 방연은 전혀 다른 속셈을 갖고 손빈에게 의도적으로 접근한 거야. 사연인즉슨, 방연은 손빈의 아버지가 운영하던 병법 학교의 퇴학생 출신이야. 방연은 몇 년 전 일을 떠올리니 다시금 분노가 용솟음쳤어.

"네 이놈 방연아! 내가 그 병법서는 때가 되면 보여준다고 누누이 말하였거늘! 어찌 허락도 없이 교장의 방에 들어와서 이런 짓을 한단 말이냐? 너는 즉시 퇴학이다. 내가 항상 말하지 않았느냐! 인성이 학업성적보다 우선이어야 한다고."

"혹시 제가 첩의 자식이라서 이러시는 것 아닙니까? 이까짓 일로 퇴학이라니요? 교장 선생님의 아들이 이런 경우에 처해도 같은 벌을 내리실 겁니까?"

"이런 고얀 놈! 당장 내 학교에서 떠나거라."

이렇게 손빈의 아버지 학교에서 퇴학을 당한 방연은 몇 년 후, 새 학교에서 손빈을 만나게 되었던 거야.

'네놈의 아버지한테 당한 모욕과 부당한 처사를 하루도 잊지 않고 있었다. 지금은 전국시대다. 네놈처럼 집안 배경이 좋은 것들만 보면 내 속이 뒤집힌다. 어디 첩의 자식한테 단단히 당해봐라! 그

리고 너를 꺾지 않고서는 내가 일인자가 될 수 없다. 허나 정상적인 방법으로 내가 너를 이길 수 있을꼬?'

방연은 마치 아무리 발버둥 쳐도 모차르트를 따라잡을 수 없었던 살리에리의 심정이 아니었을까?

방연은 병법 학교를 졸업할 때까지 검은 속마음을 손빈에게 숨겼어.

"아우야! 이 형님은 졸업과 동시에 위나라로 취업하게 되었다. 내가 먼저 출세하여 꼭 너를 초청할 테니 학업에 정진하고 있거라."

"방연 형님! 진심으로 축하드립니다. 제가 이 학교에서 이리 적응하고 성적을 내는 것은 다 형님 덕분입니다. 다시 만나는 그날까지 부디 몸 건강히 지내십시오. 저는 형님의 호출이 있을 때까지 더욱더 학업에 정진하겠나이다."

방연은 천재 병법가 손빈의 라이벌이라고 하기에는 부족하지만, 평균 이상의 능력으로 위나라에서 승승장구하여 드디어 장군이 되었어. 이 정도면 원한이 풀릴 만도 하지 않나? 누군가에 대한 저주나 험담을 할 시간에 자신의 발전을 도모하는 것이 본인에게도 득이 될 텐데 말이야.

방연은 사람을 보내 손빈을 자기가 있는 위나라로 불러들였어. 그 사람이 들고 간 편지의 내용은 대략 아래와 같았어.

아우님! 내가 드디어 별을 달았네. 허나 내 주위에 믿을 만한 참모가 부족한 실정이야. 아우님이 내 곁으로 와서 도와주기를 진심으로 간청하네. 다만 지금은 전국시대이니, 우선 내가 보낸 자들과 함께 위나라로 은밀히 잠입하여 미리 마련한 안가에서 대기해주게나. 내 참모직에 줄을 대려는 자들이 너무 많아서 그런 것이니 양해를 바라네. 안가에는 편의시설을 잘 갖춰놓았으니, 큰 불편함은 없을 것일세.

아무리 뛰어난 병법가라도 사춘기 시절 자신의 멘토 역할을 해준 사람이 뒤통수를 후려갈길 거라고 냉정한 판단을 하기는 어려운 일이야. 오늘날까지 중국 역사에서 가장 위대한 병법가 가운데 한 사람으로 꼽히는 손빈도 그만 방연이 파놓은 함정에 빠지고 말았어.

"오! 형님 말씀대로 안가의 시설이 아주 훌륭하군요. 형님께 내 걱정은 하지 말라고 전해주세요. 그동안 저는 몸도 좀 만들고 형님께 보고드릴 병법 몇 가지를 준비해놓고 있겠소이다."

"네. 그럼 저희는 이만 물러갑니다. 아마 며칠 내에 사람이 올 것입니다."

며칠 후, 손빈이 기대하던 것과는 정반대 유형의 군사들이 안가에 들이닥쳤어.

"당신을 간첩죄로 현장에서 체포한다. 제나라 출신으로 조나라에서 병법 학교를 졸업한 후 우리 위나라에 잠입한 이유를 이실직

고해야 할 것이다."

"뭐라고요? 위나라 사람들은 농담도 참 살벌하게 하시는구려. 이건 혹시 방연 형님의 깜짝 이벤트? 뭐 이런 겁니까?"

"이자가 미쳤나? 어디서 감히 장군님의 이름을 함부로 부르느냐? 이 건방진 자를 당장 압송하라."

손빈은 영문도 모른 채 위나라 첩보 기관에 의해서 끌려갔고, 모진 고문에도 할 말이 없었어. 간첩이 아닌데 무슨 할 말이 있겠어.

"나…… 나는 간…… 간첩이 아니다. 이건 조작 아니면, 뭔가 큰 착오가 있는 것이다. 방…… 방연 형님을 한 번이라도 뵙게 해……."

이때 방연이 비단옷을 휘날리며 경호원을 대동하고 취조실에 들어왔어.

"형님……! 이게 도대체? 오해가 있었던 것 같습니다. 어서 저를……."

"오해는 무슨 오해. 아직도 이 상황이 이해되지 않는구나? 실망인데 이거? 넌 나한테 당한 거야. 병법적으로 말이야."

"그게 도대체 무슨……! 도대체 저에게 왜 이러는 겁니까?"

"음…… 뭐랄까. 난 그냥 네놈이 싫어. 네놈의 배경도 싫고, 네아비도 싫고. 싫은 데 이유는 없잖아? 넌 앞으로 내 옆에 평생 머물면서 내가 더 출세하는 걸 보게 될 거야. 흥미진진하겠지? 그럼 또 보자."

잔인한 방연은 손빈의 다리를 못 쓰게 했어. 이 형벌을 '빈臏'이라고 하는데, 사실 손빈의 본명은 알려지지 않았고, 이 형벌이 내려진 이후로 그를 '손빈'이라고 부르게 되었어. 귀공자로 자라온 천재 병법가 손빈은 졸지에 앉은뱅이 신세로 전락했고, 얼굴에 죄인이라는 낙인까지 찍혀 방연의 집에서 짐승처럼 갇혀 살게 되었어.

"어이! 앉은뱅이 손빈! 형은 출근한다. 내 하인들이 주는 밥, 고양이랑 사이좋게 나눠 먹고 있어. 소화가 안 되면 산책도 좀 하고. 아! 내가 또 깜빡했네. 네놈은 이제 걷지 못하지. 하하하."

배트맨도 쉽게 빠져나오기 힘든 지하 감옥에 갇힌 꼴이 된 우리의 천재 병법가 손빈은 과연 이 위기를 어떻게 빠져나갈 수 있을까?

뛰어난 인품도 전략이 된다

손빈은 방연이 출근하고 나면, 앉은뱅이 자세로 할 수 있는 집안일을 하기 시작했어. 그의 성품과 성실함, 동정심이 시너지 효과를 일으켜, 하인들의 환심을 사는 데 성공했어. 특히 그를 아끼는 노복이 하나 있었지.

"이보게 젊은이! 뭐 먹고 싶은 거 있으면 나에게 말하게. 몇 해 전에 죽은 우리 아들이 자네 또래라 내가 아들 같아서 마음이 너무 아파."

"그러다 방연 장군님께 걸리면 어르신한테 큰 화가 미칠 것입니다. 저는 개밥도 상관없습니다. 굶어 죽지 않는 것이 어디입니까? 다만 고향이 너무 그립습니다. 이 집은 제 고향 제나라 사람들도 제법 드나드는 것 같은데, 고향 소식이라도 듣고 싶습니다. 고향 분이 오면 저를 잠시라도 만날 수 있게만 해주시면 정말 감사하겠습니다."

며칠 후, 제나라의 관리 하나가 방연의 집 연회에 참석했고, 노복은 그 관리에게 사정을 이야기한 후 손빈이 거처하고 있던 '우리'로 그를 안내했어. 방연의 눈에 띄지 않고 이야기를 할 잠시의 시간이 생긴 거야.

"나리! 《손자병법》 아시죠? 제가 그 책 저자의 직계손입니다. 제가 비록 위나라의 계략에 빠져 지금은 이런 꼴이나, 나리가 저를 거두어주신다면 이 은혜는 반드시 곱절로 갚겠습니다."

"염려 마시오. 내 당신을 보자마자 보통사람이 아니란 것을 알았소."

제나라 사신은 급한 일이 있어서 먼저 돌아간다고 하고, 자신이 타고 온 마차 속에 손빈을 몰래 숨기고 방연의 집을 기적적으로 빠져나왔어.

"선생을 제나라의 장군 전기⊞忌님 댁으로 모실 것입니다. 장군께서도 분명히 흡족해하실 거요."

이렇게 천재 병법가 손빈은 제나라 장군 전기의 집에 몸을 의탁

하게 되었어.

손빈이 전기 장군의 집에서 기력을 회복한 어느 날, 실력 발휘를 할 기회가 찾아왔어.

"이거 참 내일 또 시합인데, 기발한 방법이 좀 없나? 요즘 승률이 너무 좋지 않아. 돈을 잃는 것도 문제지만 자존심이 너무 상한단 말이지. 더 큰 문제는 내가 장군인데 이런 시합에서 자꾸 지면 머리 나쁜 지휘관 이미지를 왕이나 대신들에게 보여줄 수 있단 말이지."

이때 손빈이 현대 전쟁에까지 활용되었다는 그 유명한 삼사법을 들고 전기 장군에게 다가갔어.

"장군님! 그동안 잘 보살펴주신 은혜에 제 작은 지혜를 보태고자 하옵니다."

"오! 이제 좀 살 만하오? 그래 어디 한 번 들어나봅시다."

"이 게임은 세 판 중에 두 판만 이기면 되는 게임입니다. 첫 번째 게임에 우리의 가장 약한 상대와 상대의 에이스를 붙게 하십시오. 그리고 우리의 서브 에이스를 적의 최약체와 매치업을 시키면, 자동으로 마지막 판에는 우리의 에이스가 상대의 서브 에이스를 능히 제압할 수 있습니다. 첫 판만 내준다면 최종 승리는 장군의 것입니다."

이 전략으로 전기 장군은 게임에서 이기고, 덩달아 손빈은 제나라 왕에게 발탁되었어.

그날 밤, 앉은뱅이 천재 병법가 손빈은 달빛을 바라보며 마음을 다졌어.

'방연 형님! 기다리세요. 못난 앉은뱅이 동생이 진짜 병법이 무엇인지 똑똑히 가르쳐드리리다.'

이후, 손빈과 방연은 각자가 몸을 맡긴 나라에서 승승장구했어. 방연은 위나라의 장군으로, 손빈은 제나라의 책략가로 말이야.

마릉에 함정을 파다

그러던 중 둘이 마주한 첫 전투에서 손빈이 방연에게 보기 좋게 한 방을 먹였고, 다시 10여 년의 세월이 흐른 어느 날이었어. 이제 둘 사이의 최종전이 될 전투가 다가오고 있었어.

"1대 1이다. 풋내기 손빈아. 이번에는 내가 네놈의 숨통을 끊어주마."

"어서 오세요. 형님. 이번에야말로 제대로 된 회포를 풀어봅시다."

위나라는 제나라보다 객관적인 전력이 앞설 뿐 아니라, 전투 경험이 훨씬 많았기 때문에 제나라 병사들을 깔보는 경향이 있었어. 그렇기에 위나라 장군 방연의 명령 또한 오직 전진뿐이었어.

"못 먹어도 고다! 실전 경험도 적은 앉은뱅이 책사 따위를 내가 두려워할 것 같으냐!"

이에 제나라의 전략가 손빈은 적의 심리를 역이용하기로 했어.

"형님! 그 불같은 성격을 죽이지 말고 제발 마릉馬陵까지만 오세요. 꼭 살아서 오셔야 합니다."

제나라 장군들은 손빈의 수비 전략에 불만이 많았어.

"우리 전력이 달리는 건 사실이오만, 이렇게 주야장천 도망만 가다가는 우리 군의 사기가 더 떨어질 것이외다. 진짜 무슨 기가 막힌 반전이 있기나 한 거요?"

"네. 있습니다. 저를 믿어주십시오. 후퇴 도중에 작전명 '감조유적減竈誘敵'만 꼭 실행해주시기를 거듭 당부드리는 바입니다."

"아, 거참. 도망가면서 솥의 숫자를 자꾸 줄이는 게 무슨 의미가 있습니까?"

"방연은 저와 같은 병법 학교 출신입니다. 그곳에서는 적이 이동 후, 밥을 해 먹은 솥의 숫자로 적의 병력과 사기를 파악하라고 가르쳤습니다. 우리가 솥 숫자를 줄이면 방연은 우리 병력이 10만에서 5만, 다시 3만으로 줄어들었을 것이라고 판단할 것입니다."

손빈의 예상에서 한 치도 벗어나지 않고, 방연은 마릉으로 향하고 있었어.

"하하하. 제나라 병사 놈들 역시 나의 카리스마에 놀랐나보군. 탈영병이 점점 늘어나는구나. 솥의 숫자를 봐라. 다들 집으로 돌아간 것이야. 나머지도 군기가 전혀 안 잡혀 있는 오합지졸이 분명할 것이다."

"장군님. 그래도 우리의 행군 속도가 너무 빠른 듯하옵니다. 또한 저쪽에는 손빈이라는 천재 병법가가 있잖습니까? 뭔가 찜찜합니다."

"시끄럽다. 유약한 앉은뱅이를 내가 두려워할 거 같으냐? 그놈은 나보다 두 수는 아래다. 이제 하루면 마릉에 도착한다. 속도를 높여라!"

"장군! 마릉은 적이 매복하기 안성맞춤의 지형입니다. 양쪽의 높은 산에서 적의 궁수가 대기하면 좁은 길에서 우리 군은 오도 가지도 못할 지경에 빠질지도 모릅니다. 그러므로……. 아니 뭐야? 그냥 나가버린 거야? 부하의 말도 좀 들으라고!"

한편 방연이 마릉에 곧 도착할 것을 알게 된 손빈은 병사 하나를 불렀어.

"너는 지금 당장 포인트 R로 가서 이 글을 나무에 새기도록 하거라."

"네? 이게 무슨?"

손빈은 이어서 현장의 장군에게 다음과 같은 말을 전했어.

"양쪽 산 위에 매복된 궁수들의 공격 사인은 아래 적진에서 나올 것입니다."

"그것이 무슨 소리입니까? 내부 첩자라도 심어놓으신 겁니까?"

"내일 밤이 되면 자연히 알게 될 겁니다. 횃불이 켜지면 지체없이 화살 비를 뿌려주기만 하시면 됩니다."

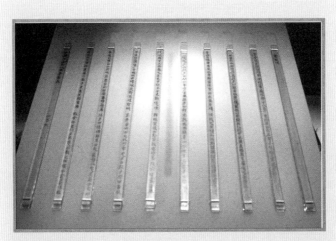

《손빈병법》 죽간본
1972년 중국의 산동성에 있는 한나라시대 고분에서 출토된 죽간본 《손빈병법》은
죽간 440매, 전 30편으로 구성되어 있다.

이윽고 밤이 깊어 방연의 병력이 R포인트에 다다랐을 때쯤, 껍질이 벗겨진 나무에 웬 글씨가 쓰인 것을 발견한 방연은 병사를 시켜 확인하게 했어.

"장군님! 밤이 어두워 정확한 문장이 안 보입니다만, 장군의 존함이 쓰여 있습니다."

"그래? 그것참 기이한 일이로구나. 내가 직접 가서 확인하겠다."

그 나무 아래 도착한 방연은 병사를 시켜 횃불을 밝히게 했어. 나무에는 이런 문장이 있었어.

방연은 이 나무 아래서 죽게 된다.

"이런 젠장! 앉은뱅이에게 당했다."

그 순간 하늘에서 하늘비가 쏟아져 내렸고, 방연은 패배를 직감
했어.

"손빈의 손에 죽느니 내 스스로 목숨을 끊겠다."

이후 1972년 중국의 산동성에서 《손자병법》을 계승했지만, 그에
전혀 뒤지지 않는 《손빈병법》의 일부가 발견되었어.

4

권력 다툼의 라운드에 선 왕권과 신권

_카노사의 굴욕

절대반지의 행방을 찾아서

동서고금을 막론하고 절대권력을 차지하려는 자들의 싸움은 늘 있었어. 그중 중세 유럽의 절대반지를 놓고 왕권과 신권이 벌인 대표적인 전쟁이 있었으니! 과연 절대반지를 차지한 쪽은 어느 쪽일지 함께 살펴보자고.

1073년, 쉰네 살의 교황 그레고리우스 7세가 취임하자 신성로마제국의 황제 하인리히 4세는 물론이고 종교계도 긴장했어.

"이번 교황님은 세속의 쾌락이나 부에 관심이 없으니 황제랑 한판 제대로 붙으시겠어!"

"교황님이 개인 감정을 가지진 않으시겠지만, 어린 시절 스승이셨던 교황 그레고리우스 6세가 지금 황제의 아버지인 하인리히 3세에 의해 쫓겨나셨으니……."

"그나저나 우리도 정신 바짝 차려야 할 거야. 교황님이 교회 내부의 정화를 위해서 급진적인 개혁론을 준비 중이라고 하던데?"

한편 황제도 11세 무렵 쾰른의 대주교에 의해서 납치된 쓰라린 기억을 가지고 있었어. 어린 시절 어머니의 섭정 동안 귀족과 성직자들에게 이리저리 치였던 그는 20대가 되면서 독기를 품고 왕권 강화에 열을 올리고 있던 때였어.

이렇게 50대의 노련한 교황과 20대의 혈기왕성한 황제는 숙명적인 대결을 펼치게 되었어. 그리고 폭풍전야 같은 2년의 세월이 흐르고 교황청 대변인이 기자 회견을 열었어.

"아아! 교황령으로 27개의 개혁안을 발표하는 바입니다. 전체 내용은 서면으로 배포해드렸고요. 세 가지 핵심 키워드만 말씀드리겠습니다. 첫째, 앞으로 모든 성직자는 결혼 금지입니다. 둘째, 성직 매매를 금지합니다."

이 당시 종교는 정치와 결탁하여 양쪽의 도덕성이 하향평준화된 상태였기에 교황은 교회 내부부터 개혁 의지를 천명했던 거야.

"마지막으로 이게 중요한 사항인데, 평신도에 불과한 황제가 교회의 주요 직책인 주교나 수도원장을 임명 또는 사임시킨다는 것은 말이 안 됩니다. 따라서 황제의 성직 서임권은 이제부터 효력

**중세시대 왕이
주교를 임명하는 장면**
주교와 대수도원장 같은 고위
성직자와 수도자는 직위에 따라
토지를 소유했고, 세속 직무도
수행했다. 그래서 이들의 임명
은 세속 권력에 많은 영향을 미
쳤다.

정지됨을 교황님의 명으로 선포하는 바입니다."

황제는 교황의 선전포고에 어떻게 대응했을까?

밀라노의 주교 임명식 현장으로 가보자고. 교황과의 기 싸움에서 전혀 밀릴 생각이 없었던 황제는 종교적으로 유서가 깊은 밀라노에서 새로운 주교를 직접 임명하고 있었어.

"성직자 서임권은 황제 고유의 권한인데 교황이 도대체 무슨 권리로 금지한다는 말이냐. 그리고 오늘 중대 발표가 있다. 성직자 서임권은 여전히 나에게 있으니 교황 그레고리우스 7세의 폐위를 선언하는 바다."

이렇게 교황과 황제가 강편치를 한 차례씩 주고받았어.

과연 교황은 스승의 전철을 그대로 밟아 황제에 의해서 쫓겨나게 될까?

교황, 황제에게 카운터펀치를 날리다

교황은 온 유럽을 발칵 뒤집어놓는 충격적인 선언을 했어. 교황 그레고리우스 7세는 황제에게 인류 역사상 최초로 파문이라는 카운터펀치를 날렸어.

온 유럽이 교황과 황제의 다음 행보를 주시하고 있었어.

"교황이 황제를 파문했다고?"

"아무리 황제라고 해도 인간계에서의 삶은 끝났다고 봐야 하는 거 아냐?"

"그렇지! 황제가 어떻게 대응하려나?"

교황은 황제에게 불만이 있던 영주들을 자기편으로 포섭하는 한편, 황제가 머물던 오늘날의 독일지역에서 모든 예배를 금지했어. 이 조치는 백성들의 불안감을 조성했고, 민심은 황제에게 등을 돌리게 되었어.

"이거 고래 싸움에 새우 등 제대로 터지는구먼."

"교회를 못 가니 영 불안해! 우리 같은 서민들이야 그저 열심히 기도해서 나중에 천국에 가야 하는데……. 아무리 황제라도 이건 아니지!"

여론이 황제에게서 급속도로 돌아서던 시기, 영주들이 교황에게 은밀한 서신을 보내왔어.

"위대한 교황이시여. 저희는 하인리히 4세의 어리석은 행동과 폭정에 진절머리가 났습니다. 교황께서 이곳 아우크스부르크로 친히 행차하여 황제의 파문을 공식화해주시기를 바랍니다. 그렇게만 해주신다면 우리가 좀더 수월하게 다룰 만한 새로운 황제를 세울 수도 있을 것입니다."

교황은 고민에 빠졌어.

"일이 커졌다. 황제는 막강한 군사력을 가지고 있다. 쥐도 궁지에 몰리면 고양이를 무는 법. 어찌해야 좋을까? 내가 설불리 움직였다가는 황제가 군사를 이끌고 로마로 올지도 모른다. 그래도 지금이 KO펀치를 날릴 기회이기는 한데."

교황은 장고 끝에 아우크스부르크로 향하기로 결정했어.

교황이 자신의 숨통을 끊기 위해 로마를 떠났다는 소식을 들은 황제도 몸을 일으켰어.

"외나무다리 승부다. 어떤 식으로든 결판을 내야 한다. 여론은 나에게 등을 돌렸지만, 나는 교황에게는 없는 막강한 군사력이 있다. 하지만……"

황제는 교황을 향해 아래쪽으로 향하기 시작했고, 교황은 황제를 심판하기 위해 위로 전진하던 중, 북이탈리아의 카노사성에 체류하기로 했어.

에두아르트 슈보이저(Eduard Schwoiser),
〈카노사의 하인리히〉(Heinrich vor Ca-
nossa), 1852.
입지가 불안해진 하인리히 4세는 1077년
겨울, 교황이 있는 카노사성을 찾아 3일
동안 눈 속에서 맨발로 서서 용서를 빈
끝에 겨우 사면을 받았다.

"지금 황제가 이쪽으로 향하고 있다고 하옵니다. 1월이라 날도 춥고 황제의 의도도 알지 못하니 우선 성안에서 상황을 파악하시 지요."

"황제가 혹시라도 군사행동을 취할까?"

교황 일행이 초조한 마음으로 황제를 기다리던 어느 날, 함박눈 이 내리기 시작했어.

"교황님! 눈이 오는 걸 보니 반가운 손님이 오려나 봅니다."

"반가운 손님일지, 차가운 칼을 품은 자객일지는 두고 봐야겠지 요."

바로 그때였어.

"황제! 황제가 항복을 의미하는 흰옷을 입고 성 앞에서 맨발로 서 있다고 하옵니다. 교황께서 파문을 거두기 전까지 단식도 불사하겠다고 합니다."

"됐다! 됐어."

황제는 눈보라가 몰아치는 한겨울 추위 속에서 무려 사흘을 그대로 버텼어.

교황은 황제를 망신주고 자신의 우위를 만천하에 보여주기 위해 사흘을 기다렸던 걸까? 아니면 황제의 항복을 받지 않고 아우크스부르크로 가야 할지 고민하느라 사흘을 지체한 걸까?

한편 황제는 이를 갈며 사흘을 버텼을까? 아니면 진심으로 교황에게 용서를 구한 걸까?

마침내 카노사성의 성문이 열리고 교황은 자신이 집전하는 미사에 황제의 참석을 허락했어.

여기까지가 일반적으로 알려진 카노사의 굴욕이야. 하지만 그 이후에 반전이 있어.

자존심을 꺾고 실리를 취하고 궁으로 돌아간 황제는 복수를 차근차근 준비했어. 그리고 1083년 대규모 군사를 이끌고 로마로 진격했어.

"역사에 만약이란 없지만 내가 만약 카노사성에서 군사 작전을 폈다면 어땠을까? 지금이라도 늦지 않았다. 늙은 여우를 잡으러 가자!"

전투는 3년간 이어졌고, 1085년 그레고리우스 7세 교황은 이를 갈며 숨을 거두었어.

이 두 라이벌의 긴 여정은 이렇게 막을 내렸지만, 20여 년 후 하인리히 4세는 아들에 의해 폐위당하는 수모를 겪게 되었다고 해.

5

전설의 무기와
최첨단 무기의 대결
_로마와 오스만 제국의 무기전

신묘한 폭탄의 위엄

오스만 제국은 1299년부터 1922년까지 600년 넘게 명맥을 유지해왔어. 제국의 전성기를 연 것은 다름 아닌 제7대 술탄 메흐메드 2세였어. 그는 아버지 술탄과 노예 어머니 사이에서 태어났고, 일곱 가지 언어에 능통했으며, 문화와 예술에도 조예가 깊었어. 정복자라 불리는 술탄 메흐메드 2세는 오늘날 터키인들에게 우리의 이순신 장군 같은 존재감을 가지고 있다고 해.

그런 그가 산적해 있던 내·외부의 문제를 해결하고 다음 타깃으로 삼은 것은 비잔틴 제국의 콘스탄티노플이었어. 이때 그의 나이는 불과 스무 살이었어.

"이제 기독교의 수호신, 천년 넘게 자리를 지켜온 콘스탄티노플을 점령할 것이다. 이것은 상징적 의미뿐 아니라 우리가 제국으로 가기 위해 반드시 넘어야 할 산이다."

1453년 4월 6일. 콘스탄티노플 앞에 오스만 제국의 9만 병력이 전투태세를 갖추고 그의 공격 명령을 기다리고 있었어.

한편 나이 50을 바라보는 콘스탄티누스 11세는 겨우 7천 명의 병력으로 이들과 맞서야 했어. 콘스탄티노플은 로마에 기독교를 공인시킨 콘스탄티누스 1세가 330년에 제2의 수도로 세운 도시야. 이곳에 대한 그의 애착이 얼마나 강했는지 자신의 이름을 따서 도시 이름을 정했을 정도야.

도시의 지정학적 측면을 살짝 들춰보면 삼면이 바다이고 절벽 위에 도시가 위치해서 그야말로 천혜의 요새야. 여기에 더해 도시를 둘러싼 삼중 성벽 앞에는 수심이 깊은 해자까지 있었으니 적은 병력으로도 외세의 침입을 용이하게 막을 수 있었어.

오스만 제국과 비교하여 압도적인 병력 차이에도 콘스탄티누스 1세는 믿는 구석이 있었어. 바로 '그리스의 불'이라는 신묘한 폭탄이었어. 물에서도 꺼지지 않는 이 액체 폭탄은 화약이 없던 당대에 적에게 엄청난 물리적 피해와 정신적 충격을 주었어. 그 위력이 얼마나 대단했는지 천사가 황제에게 제조법을 전수했다는 말이 있을 정도였어. 그리스인들에 의해 만들어진 것으로 추정되는 이 폭탄의 제조법은 오늘날까지도 알려지지 않고 있다고 해. 그리스 불의 유일한 단점은 위력이 너무 대단해서 아군에게도 피해가 있다는 점뿐이었어.

술탄의 반격

한편 술탄은 압도적인 군사력과 그의 최정예 부대인 예니체리 yeniceri, 우르반urban 대포까지 보유했기에 자신감이 넘쳤어.

"헝가리 무기상 우르반이 6개월 넘게 제작한 이 대포만 있다면 난공불락의 요새라는 콘스탄티노플도 오래 버티기 어려울 것이다."

8미터 길이의 우르반 대포는 수백 킬로그램의 돌덩이를 무려 1킬로미터 넘게 날려보낼 수 있는 당시 기준 첨단 하이테크놀리지 무기였어. 적에게 줄 타격도 엄청났지만, 소리 또한 대단했다고 해. 이 대포의 성능 테스트 도중 20킬로미터 밖의 산모가 대포 소리에 놀라 유산을 했다나 뭐라나. 대단한 위력에 비례한 무게 때문에 이 대포를 콘스탄티노플까지 이동시키는 데 황소 60마리와 400여 명의 인력이 필요했다고 해.

사실 헝가리 무기상 우르반은 대포 도면을 들고 콘스탄티누스 11세를 먼저 찾아갔었다고 해.

"거, 제작비가 너무 비싸네! 같은 유럽인끼리 좀 싸게 해주면 안

파우스토 조나로(Fausto Zonaro), 〈메흐메드 2세의 콘스탄티노플 공격〉
(Mehmet II conquering Constantinople), 1903.
메흐메드 2세와 오스만 제국 군대가 우르반 대포를 끌고 콘스탄티노플로 진격하
는 장면을 묘사하고 있다.

되겠나?"

무기상 우르반은 그 자리에서 일어나 오스만 제국을 찾았고, 술탄은 우르반이 제시한 가격의 네 배를 배팅했다고 해.

"술탄께서 제 무기의 가치를 제대로 알아봐주시는군요. 철옹성이라는 콘스탄티노플을 가루로 만들 수 있게 최고의 대포로 만들겠습니다."

자, 이제 양 진영의 전력을 살펴봤으니 본 게임을 살펴보자고.

술탄은 성을 향해 우르반 대포를 쏜 후, 무너진 성벽 사이로 병력을 침투시키는 1차 공격을 감행했어. 대포의 위력은 여지없이 발

휘되었고, 콘스탄티노플성의 곳곳이 허물어지기 시작했어.

"그렇지! 역시 R&D에 막대한 투자를 한 보람이 있구나. 뭣들 하느냐? 우르반 대포를 쉬지 말고 계속 쏘거라."

"저, 술탄님! 이 대포가 아시다시피 성능은 끝내주는데, 한 가지 치명적인 단점이 있습니다. 여기 계약서 하단에 작은 글씨로 명시가 되어 있는데요. 재장전에 시간이 아주 오래 걸립니다. 그래서 하루에 총 7회만 발사가 가능합니다."

"뭐야? 1시간에 7회가 아니고 1일 7회라고? 하여튼 깨알 같은 글씨로 약관 적는 것들은 다 조심해야 한다니까."

콘스탄티노플 수비대는 우르반 대포가 재장전을 하는 동안 성벽을 메우며 전열을 가다듬었어. 그리고 성을 오르려는 오스만 군사들을 상대로 그리스의 불과 이를 능가하는 정신력으로 맞서 싸우며 버텼어.

콘스탄티노플이 의외로 선전을 거듭하자 술탄은 수군의 공격을 명령했어. 그런데 문제는 길이 약 7킬로미터, 최대 폭 700미터의 '골든 혼' 또는 금각만이라고 불리는 만에 설치된 쇠사슬이었어.

"술탄님! 이놈들이 우리 수군이 골든 혼을 지나지 못하게 만의 양쪽을 쇠사슬로 봉쇄했습니다. 배가 골든 혼의 쇠사슬만 넘는다면 저들은 병력을 분산시켜야 할 것이고, 보급로까지 차단할 수 있기에 승리는 시간문제입니다."

"흠…… 콘스탄티누스 11세가 차분히 준비를 잘하셨구나! 그래, 우리의 대책은 무엇이냐?"

"현재 상황으로는 우리 배가 쇠사슬 위로 점프를 하거나 그 아래로 잠수를 하는 방법밖에는……."

"생각의 전환이 필요한데 말이야. 가만! 배가 꼭 물로만 다니라는 법이 있느냐? 우리 수군의 배를 육지로 이동시켜 골든 혼의 쇠사슬을 우회하도록 하라!"

"이게 무슨 소리입니까? 사공이 많은 것도 아닌데 배가 왜 산으로 갑니까? 술탄님께서 왕 회장님도 아닌데."

다음 날부터 오스만의 군인들은 배를 육지로 이동시키기 위해 2킬로미터의 나무 길을 만들었고, 그 길에 기름을 발랐어. 이제 사람이 배를 옮기기만 하면 되는데 난리가 났어. 나무 길이 잘 닦인 고속도로도 아니잖아! 오르막을 오르다 배가 미끄러져 병사들이 깔려 죽기도 하고 부상자가 속출했어.

그러나 술탄은 "시련은 있어도 실패는 없다"며 이 작전을 밀어붙였고 마침내 오스만의 수군이 골든 혼에 진입해 콘스탄티노플 성을 육지와 바다에서 협공할 수 있게 되었어. 비록 오스만 육군과 해군의 공격에도 콘스탄티노플은 버텼지만, 그들은 조금씩 지쳐가고 있었지.

"대!단!하!다! 콘스탄티노플 인정! 그래도 틈이 조금씩 보이기 시작한다. 이번에는 땅속으로 공격한다! 일어나라. 아니, 기어가라! 위대한 오스만 제국의 두더지 전사들이여!"

**오스만 제국의 보병 군단
예니체리**
황제의 직속 경호대이자 친위
역할을 한 정예 상비군으로, 전
투가 벌어지면 용맹하게 싸워서
승리를 이끌어냈다.

술탄은 뚫리지 않는 성을 공격하는 대신 땅 아래로 무려 14개의
굴을 파기 시작했어. 그런데 성안에는 각종 전문가가 많았나 봐. 땅
아래 지도가 있는 것도 아닌데 귀신같이 땅굴을 찾아 그리스의 불
도 던지고, 수맥을 돌려 수공을 펼치기도 했어. 결국 땅굴 작전은
실패!

한편, 황제는 교황을 비롯한 유럽 곳곳에 지원 병력을 요청했으
나 정치적·종교적 견해 차이로 인해 좌절하고 말았어.

"이렇게 천년 제국이 무너지고 만단 말이냐?"

황제는 자신의 마지막을 예감하고 있었고, 술탄은 최후의 카운
터펀치를 준비하고 있었어.

"콘스탄티노플이 유럽의 자존심을 걸고 버티고 있고, 나의 몇몇 작전이 실패한 것처럼 보일 수도 있으나, 내 눈에는 저들이 서서히 무너지는 것이 보인다. 자, 이제 나의 최종병기 예니체리를 출격시켜라."

술탄의 근위부대인 예니체리는 흡사 신라의 화랑과 비슷하다고 볼 수 있어. 소년 시절부터 최강의 전사로 만들기 위해 예니체리에 막대한 지원을 했다고 해. 예니체리는 체계적인 군사훈련은 물론 결혼과 경제 활동도 금지하면서 전쟁 기계로 양성된 부대였어.

전투가 50일이 넘어가자 콘스탄티노플의 병사들은 잠도 거의 자지 못해 육체적 한계에 다다랐어. 그리고 계속되는 우르반 대포와 해군의 공격에 최강 전사들인 예니체리까지 공격하자 결정타가 되고 말았어.

1453년 5월 29일, 로마 제국의 상징인 콘스탄티노플성에 오스만 제국의 깃발이 꽂혔어.

"지금부터 콘스탄티노플은 역사의 지도에서 영원히 사라지고 우리는 이곳을 이스탄불이라고 부를 것이다."

이로써 동로마 제국은 오스만 제국에 의해서 문을 닫았고, 유럽은 중세에서 근대로 넘어가는 갈림길에 서게 되었어.

제 2 부

역사를 움직인 여성들:

허스토리HERSTORY

6

두 남자를
황제로 만들다
_절대권력을 휘두른 여태후

평민 출신 황제의 정비가 되다

진시황제가 천하를 통일하고 진나라(기원전 221~기원전 207)가 20년도 가지 못할 줄 누가 예상했을까. 그다음 왕조는 기이한 두 라이벌, 항우項羽와 유방劉邦 중 승자인 유방이 세운 한나라(기원전 202~220)야.

항우와 유방은 중국 역사의 수많은 라이벌 중 개인의 전투력 차이가 가장 컸다고 볼 수 있어. 이런 차이에도 유방이 초한쟁패楚漢爭覇의 승자가 될 수 있었던 이유는 여러 가지가 있겠지만, 자신의 부족한 부분을 채워줄 수 있는 조력자들을 만났고, 중용했기 때문일

거야. 인복이라고 볼 수도 있겠지.

유방이 인복을 얻을 수 있었던 이유는 그보다 월등히 좋은 가문의 아내 여치呂雉(여태후)를 맞이했기 때문이야. 누가 봐도 기우는 혼사이며 동네 건달에 불과하던 유방을 선뜻 사위로 맞은 여치의 아버지는 당대에 알아주는 관상가였다고 해. 그는 자신의 인생에서 최고의 관상을 가진 유방을 만났고, 사위로 맞아들였어. 그래도 설마 동네 건달인 사위가 중국 역사상 최초의 평민 출신 황제가 될 거라고는 예상하지 못했을 거야.

그의 딸이자 한고조 유방의 정비인 여태후는 오늘날 서태후西太后, 측천무후則天武后와 함께 중국 3대 악녀라고 불리게 되는데 그 과정을 좀 살펴볼까 해. 역사는 남자가 만들지만, 그 남자를 만드는 건 여자라는 말도 있잖아. 그런데 여태후는 남편과 아들을 황제로 만드는 데 일조하고, 충격적으로 시대을 초토화시켰어. 유 씨의 한나라가 아닌 자신의 집안이 주축이 된 여 씨의 한나라를 만들었던 거야.

유방은 초한쟁패의 최종 승자가 된 후 황제에 오르며 한나라의 고조가 되었어. 그리고 새 나라를 안정된 궤도에 올리기 위해 수많은 건국 공신들을 제거할 수밖에 없었지만, 아내를 제거할 수는 없었어. 그럴 필요까지는 없다고 생각했겠지. 아니, 황제라도 자신과 함께한 조강지처를 쉽게 내칠 수는 없었을 거야.

여태후는 전쟁 동안 온갖 고생은 물론이고, 3년 가까운 기간 동안 포로 생활까지 한 건국의 어머니야.

그런 여태후에게도 고민이 있었으니! 바로 남편인 황제 유방이 자신을 더는 여자로 보지 않고 척 부인에게 푹 빠져 있었던 거야. 척 부인은 황제와 한 이불을 덮으며 여태후의 유일한 아들인 태자 영의 교체를 매일 밤 울부짖었어.

"폐하! 태자 영이 폐하의 뒤를 잇는다면 저희 모자는 죽은 목숨이나 다름없습니다. 요즘 마마의 눈빛이 장난이 아니옵니다. 제발 우리 사랑의 결실인 여의로 태자를 교체해주옵소서."

"흠. 내 맘도 자네와 같네. 태자 영은 너무 착해빠져서 황제감은 아니야. 감수성이 너무 예민해. 예술가 스타일이야. 허나 당신 아들 여의는 장난기도 많고 거침없는 것이 꼭 어릴 적 나를 보는 것 같단 말이야. 고 녀석은 볼수록 참으로 귀엽단 말이지. 그러니 걱정하지 말게나. 내 자네를 위해서 태자 교체를 약조함세."

한고조의 마음이 움직이고 있음을 눈치 챈 여태후는 발등에 불이 떨어졌어. 여차하면 자신의 목숨이 위험한 상황이야. 그녀는 개국공신의 한 명인 책사 장량張良에게 사람을 보냈어. 그리고 자기 아들이 태자 자리를 지킬 수 있는 방법을 알려 달라고 간청했어.

"저는 나랏일이 아닌 유 씨 집안일에는 관여할 수가 없습니다."

"이것이 어찌 한 가문의 일입니까? 이것은 엄연히 나라의 일입니다. 건국 초기에 태자가 바뀐다면 엄청난 피 바람이 불어 신생국가가 안정되기 어려울 것은 불을 보듯 뻔한 일입니다. 이 나라가 어디

황제 혼자서 세운 나라입니까? 수많은 군사의 피와 장량 같은 책사의 노력으로 함께 세운 나라입니다. 여기서 이리 무책임하게 발을 빼시겠습니까?"

한때 진시황제의 암살을 도모했으며, 유방의 최고 지략가 중 한 명인 장량은 여태후의 계속된 간청을 결국 뿌리치지 못했어. 그는 유방도 어찌할 수 없는 거대한 날개를 태자에게 달아주기로 했어.

"상산에 기거하고 있는 상산사호商山四皓를 태자의 스승으로 모시는 것이 유일한 방법입니다. 그들이 태자의 날개가 되어줄 것입니다. 그리하면 황제께서도 어찌하지 못하실 것입니다."

"동원공, 열리 선생, 기리계, 하황공. 이분들이 우리 태자의 날개가 되어줄까요?"

"현재 황제의 부름에도 응하지 않으신 분들입니다. 쉽지는 않겠지만 제가 나선다면, 기꺼이 태자님의 날개가 되어줄 겁니다."

"잘난 척 한 번 하고 도와주시는군요."

얼마 후, 한고조 유방이 주최한 연회에 눈썹은 물론 수염까지 하얀, 흡사 신선의 모습을 한 상산사호가 태자와 함께 참석했어. 이 모습을 본 유방은 연회 다음 날 척 부인에게 태자 자리를 교체할 수 없다고 알렸다고 해.

"미안하지만 때가 이미 늦었네. 태자는 이미 내 힘으로 어찌할 수가 없네. 날개가 네 개나 달린 용이 되었더구나."

척 부인은 자신과 아들의 운명을 예감하고 밤새 울었다고 해. 하

한고조 유방
유방은 그보다 월등히 좋은 가
문 출신이었던 여치(여태후)와
혼인하고, 인재들을 모아 중국
역사상 최초 평민 출신의 황제
가 되었다.

지만 자신이 얼마 후, 그토록 참혹하게 죽을 것이라고는 상상도 못
했을 거야.

이 일이 있고 난 뒤, 장량은 곡기를 끊겠다고 선언하는데!

"오늘부터 디저트를 포함해 모든 음식을 끊고, 이슬만 먹고 살겠
다."

이는 표면적으로는 신선이 되겠다는 비현실적인 선언 같지만, 실
질적으로는 제명에 죽겠다는 선언이었어. 자신은 어떠한 욕심도
없고, 정치에 더는 관련하지 않겠으니 나를 굳이 토사구팽할 필요
가 없다는 황제에게 던지는 메시지야.

장량의 뜬금없어 보이는 '비커밍becoming 신선 선언'은 대성공을

거두었어. 한고조 유방과 생사고락을 함께한 수많은 개국 공신들이 제 명에 살지 못하였으나, 장량은―정계에 다시는 복귀하지 않고―자연사했다고 하니 그가 진정한 승자가 아닐까?

15년 동안 절대권력을 휘두르다

한편, 한고조 유방도 세월을 이기지 못하고, 재위 7년 만에 세상을 떠나고 말았어. 이어서, 여태후의 아들이자 감수성이 예민한 태자 영盈이 혜제惠帝로 등극하게 되었고, 그녀의 본격적인 섭정이 시작되었어.

그녀 자신도 절대권력을 휘두르는 기간이 남편인 한고조 유방의 재위 기간보다 긴 15년이 될 줄은 몰랐어. 이후 그녀의 행동으로 유추해보면 이런 생각을 하지 않았을까 싶어.

'나와 우리 집안의 배경이 아니었다면 한고조 유방이라니? 가당치도 않을 일이지. 또한 문학소년 같은 우리 아들도 나의 계략이 없었다면, 태자 자리도 지키지 못했을 것이다. 내가! 바로 내가! 이 두 손으로 두 남자를 황제로 만들었다. 이제는 유 씨의 나라가 아니라, 나 여 씨의 나라를 만들어도 역사가 감히 욕하지 못할 것이야. 암! 그렇고말고. 난 그럴 자격이 차고도 넘치지.'

아들 혜제를 꼭두각시로 내세우고 병권까지 완전히 장악한 여태후는 눈엣가시 같던 남편의 애첩 척 부인을 감금시켰어. 그리고 아직은 어리지만 조나라의 왕으로 있던 척 부인의 아들 여의를 압송했어.

'나의 어머니지만 나와는 결이 다르다. 어떤 일을 저지르실지 모를 일이야.'

혜제는 어머니가 배다른 동생 여의를 죽이기 위해 부른 것을 알고 있었어. 황제는 어린 동생을 항상 옆에 두고 식사까지 함께했어.

그러나 24시간을 붙어 있을 수는 없는 일! 황제가 새벽을 이용해 잠시 사냥을 다녀온 사이 어린 여의는 독살된 채 시체로 발견되었어. 황제는 충격에 빠졌어.

'어머니, 꼭 이래야만 했습니까? 이렇게 해서 유지되는 권력이 무슨 소용입니까?'

얼마 후, 무서운 엄마 여태후가 혜제를 느닷없이 돼지우리로 불렀어.

"황제 폐하, 저기 저 돼지 새끼들 사이에 있는 것이 누군지 알아보시겠습니까?"

"저…… 저것이? 사…… 사람이란 말입니까? 혹시? 설마?"

그곳에는 손발이 잘리고 눈이 빠진 채, 말도 못 하게 되어버린 척 부인이 있었어. 이 비참한 광경을 보면서 황제는 어머니와 인연을 끊고 싶지 않았을까? 황제 혜제는 참혹한 척 부인의 모습을 본 후, 무려 1년 동안 병원 신세를 지게 되었어. 혜제는 가능하다면 엄마를 떠나고 싶었을 거야.

결국 그는 황제직만 유지한 채 정치에서 완전히 손을 떼버렸어. 여태후가 바란 건 어쩌면 이것이 아니었을까?

"어머니. 저는 당신에게 두 손 두 발 다 들었습니다. 소자는 황제이기 이전에 한 사람이고 싶습니다."

"그런 나약한 생각으로 천하를 다스릴 수 없습니다. 이 어미가 도와드릴 테니 정신을 추스르며 잠시 쉬세요."

여태후는 현실에서 도피하려는 황제에게 황후 후보를 데려왔어. 그녀가 데려온 여인은 무려 그녀의 외손녀였어!

아들과 외손녀 사이에서 태어날 아이는 여태후의 장난감 황제가 될 것이 불 보듯 뻔한 노릇. 하지만 이 둘 사이에는 아이가 생기지 않았어. 혹시 황제가 잠자리를 거부한 건 아니었을까?

여태후는 참으로 창조적인 여자였어. 자신의 며느리이자 외손녀가 아이를 갖지 못하자, 황후를 임신한 것처럼 위장했어.

"외할머니? 아니, 어머니! 도대체 왜 이러십니까? 이런다고 애가 들어서는 것이 아닌데."

"넌 군소리 말고 내 말이나 따르거라. 아이는 내가 알아서 구해 올 것이다."

얼마 후, 여태후는 자신의 가문인 여 씨 집안에서 태어난 아이를 궁으로 데려와 황후가 낳은 아이라고 선포했어. 그러고는 그녀답게 뒤처리했어.

"이 사내아이는 혜제의 뒤를 이어 황제가 될 것이다. 이런 엄청난

일의 비밀유지 제1원칙이 뭔지 아느냐? 비밀을 아는 자들의 입을 막는 것이다. 이 아이의 생모를 포함해서 이 사실을 아는 자들을 모두 죽여라."

여태후의 장기프로젝트에 따라 이 아이는 훗날 태자가 되지만 자신의 출생 비밀을 알고 엄마의 복수를 하겠다는 말을 하고 다녔어. 하지만 온 궁에 여태후의 새와 쥐 들이 깔려 있었어.

"고얀 놈! 제 분수도 모르고! 준비된 예비 황제 후보들은 많다. 나에 대한 적개심을 품고 있는 태자를 두고 볼 필요가 없다. 좀 늦었지만 어미 뒤를 따라가게 해라. 모자가 저승에서 상봉하면 아주 볼 만하겠구나."

여태후는 자신의 아들 혜제가 사망했을 때도 눈물을 보이지 않았어. 그녀의 앞길을 막는다면 손자도 쥐도 새도 모르게 죽게 되었어. 가족에게 이리 잔혹하니 건국 공신들은 오죽했겠어.

국정은 어느새 유 씨 집안의 손을 완전히 떠나 여 씨 손에 떨어졌어. 자기 아들이 죽고 난 8년 후에야 그녀는 천수를 누리고 세상을 떠났어. 하지만 그녀가 죽고 나자 여 씨 왕국은 모래성처럼 무너지고 말았어.

아이러니하게도 그녀의 악행은 시댁과 궁이라는 내부 공간에서 이루어졌고, 외부로는 나름 안정적인 통치를 이어갔다고 해. 백성 입장에서는 내전이 없으니 상대적으로 행복지수가 높아졌을 거야.

그녀에 대한 여러 가지 평가가 있지만, 인간성을 포기하고 얻은

권력에 박수를 보내고 싶지는 않아. 권력을 얻거나 유지하기 위해서 악마가 되어야 한다면, 차라리 그런 권력 따위는 원하지 않는 바야.

7
세상에서 가장 악독한
황제의 어머니
_아들을 폭군으로 만든 아그리피나

폭군을 만든 어머니

이번에는 지금으로부터 약 2,000여 년 전, 37년 12월 15일에 태어난 한 남자의 이야기를 들려줄까 해. 오늘날 폭군의 대명사로 기억되고 있는 로마의 제5대 황제 네로Nero 이야기야.

열일곱 살에 황제에 등극하여 서른두 살에 죽음을 맞이하는 짧은 인생을 살면서, 로마 원로원 공식 '악의 축'으로 지정될 정도로 그의 명성은 예나 지금이나 자자해. 하지만 그를 황제로 만든 건 바로 그의 어머니라는 사실은 몰랐지? 둘 다 비참한 죽음을 맞이하게 된 이 모자의 인생 역정을 살펴보자고.

우선 낯선 이름들이 난무하는 로마 황제들의 후계자 선정 과정을 살펴볼까 해. 필자처럼 외국인 이름은 질색이라면 대충 흐름만 파악해둬도 좋아.

로마의 제1대 황제 아우구스투스Augustus는 후계자가 없어 고민에 빠져 있었어.

"더는 안 되겠소. 양자를 들여야겠어요. 내일 원로원……."

"여보. 아니, 황제님아! 어차피 우리 일가친척 중에는 마땅한 사람이 없잖아요. 제가 전남편 사이에서 낳은 아이 중 하나에게 2대 로마 황제의 타이틀을 물려주는 건 어떨까요? 생판 남보다는 낫지 않겠어요?"

이렇게 해서 티베리우스Tiberius(제2대 로마 황제)는 엄마가 재혼을 잘한 덕에 새 아빠의 후계자로 결정되었어. 하지만 티베리우스에게는 몹시 거슬리는 존재가 하나 있었으니 바로 조카 게르마니쿠스Germanicus였어. 아무래도 친아빠한테 물려받는 황제 자리가 아니니 라이벌이 많았을 거야.

어느 날 아우구스투스의 부인이자 자신의 어머니가 티베리우스에게 찾아와 통보하며 부탁했어.

"아들아! 네 형제 드루수스Drusus가 낙마 사고로 죽어서, 내가 나중에 천국에서 그 아이를 만날 면목이 없구나. 그래서 하는 말인데 네가 드루수스의 아들 게르마니쿠스를 양자로 삼도록 하거라. 이건 어미의 부탁이자 황제의 명령이다."

"아니, 그건……. 네, 저도 양자이니까요. 참으로 옳으신 결정입니다."

티베리우스는 황제의 명령이니 곱게 따를 수밖에 없었지만 속마음은 이랬어.

'일단 황제만 되면 로마가 나의 것이니, 그때는 어머니든 전임 황제든 눈치 볼 것이 없으니 조금만 참고 기다리자.'

티베리우스가 마침내 로마의 제2대 황제로 취임했을 때, 그의 조카이자 양자인 게르마니쿠스도 전쟁 영웅으로서 로마 시민의 엄청난 지지를 받고 있었어. 거기다 얼굴까지 잘생겼으니 티베리우스의 눈에 그는 가시 같은 존재였겠지? 가시 제거 작전은 비밀리에 진행되었고, 로마에는 다음과 같은 루머만 국민들 사이에서 떠돌았어.

"헐! 그 소문 들었나? 서른네 살밖에 안 된 게르마니쿠스가 갑자기 세상을 떠난 건 황제가……."

"쉿! 입 조심하게. 그걸 누가 모르는 사람 있나? 뻔한 사실이지만 루머처럼 취급되는 더러운 세상! 권력 앞에서는 피도 눈물도 없다니까. 그나저나 그 잘생긴 게르마니쿠스의 남은 가족들만 불쌍하게 됐어. 쯧쯧쯧."

낯선 이름들이지만 로마 황제의 계보를 이런 식으로 살펴보니 역사 지식이 조금은 쌓인 것 같지 않아?

이제 드디어 네로 황제의 엄마가 등장할 차례야. 그녀는 티베리우스에게 암살당했다고 추정되지만, 의문사로 처리된 잘생긴 전쟁 영웅 게르마니쿠스의 딸이야. 당시 그녀의 나이는 고작 세 살이었어.

미래의 네로 황제 어머니인 아그리피나Agrippina는 황제의 손에 내일 죽어도 이상하지 않을 상황 속에서 자라났어. 어린 시절부터 온갖 눈치를 다 보며 살았겠지? 그런 그녀에게도 죽으라는 법은 없었는지 오빠인 칼리굴라Caligula가 로마의 제3대 황제로 등극하게 되었어. 하지 말라면 더 하고 싶어지는 심리적 저항을 말하는 용어로 '칼리굴라 효과'가 있을 정도로 이름이 익숙하지만, 뭔가 싸한 느낌이 들지?

"오빠! 우리 오빠가 로마의 황제가 된 거야? 대박! 그럼 나랑 우리 아들 네로도 이제 생사를 걱정할 처지에서, 로열패밀리로 입성한 거네?"

하지만 칼리굴라가 잔혹성과 변태성에서 네로는 명함도 못 내밀 수준의 사이코패스였다는 것이 함정이었어. 그녀의 기대와 달리 동생이지만 목숨을 부지한 것만도 다행이라고 여겨야 할 판이야. 일설에 따르면 그녀와 오빠 칼리굴라는 부적절한 관계였다는 이야기도 있어.

그리하여, 그녀는 오빠가 황제임에도 자신의 어머니가 유배되었던 코르시카섬에 갇히는 신세가 되고 말았어. 아그리피나는 밤마다 이를 갈았어.

"남자라는 것들은 믿을 족속이 못 된다. 시대를 잘못 만나 내가 여황제가 될 순 없으니 우리 아들 네로를 반드시 이 로마의 황제로 만들고 말겠다. 세상아, 두고보자!"

로마의 제3대 황제 칼리굴라는 재위 기간 5년을 채우지 못하고 비참한 죽음을 맞이하게 되었어. 그를 이어 아그리피나의 숙부뻘인 클라우디우스Claudius가 로마의 제4대 황제로 등극하게 되었어. 아그리피나는 이것이 그녀와 자신의 아들에게 주어진 마지막 기회라고 생각했어.

"어차피 족보는 꼬일 대로 꼬였다. 숙부뻘이면 어떠하랴. 우리 아들을 황제로 이끌 아우토반이자 유일한 도로는 내가 만든다."

악에 받친 그녀는 온갖 술수를 동원하여 황제 클라우디우스의 네 번째 부인으로 입성하게 되었어.

"드디어 내가 해냈다! 오늘만은 우리 네로 황제 만들기 TF팀 모두 마음껏 즐기자꾸나."

이때 작전 참모가 파티 분위기에 제동을 걸고 나섰어.

"아직은 안심하실 때가 아니옵니다. 겨우 서열 4위의 부인입니다. 아드님을 황제로 만들기 위한 진검 승부가 기다리고 있습니다. 샴페인은 그때 터트리시지요."

그래도 하루 정도는 좀 쉴 법도 한데, 네로 황제 만들기 TF팀은 다음 날부터 풀가동되었어. 클라우디우스의 친아들이 있었기 때문에, 네로가 다음 후계자로 지정되는 일은 여간 힘든 일이 아니었어.

아들에게 죽임을 당한 비운의 삶

먼저 아그리피나는 자신 집안의 혈통을 내세워 야금야금 정치적 입지를 다져나갔어. 서열 4위 부인의 아들이 황태자가 되는 건 결코 녹록한 일이 아니었어. 하루도 맘 편하게 발 뻗고 자는 날이 없었지. 술은 입에도 대지 않고 금욕적인 생활을 하며 오직 목표를 향해 달려가기를 어언 13년!

"드디어 황태자 승계 작업을 마쳤습니다. 이제 황제가 죽기만 하면…… . 그 자리는 자연스럽게 넘어오겠지요. 하지만 60이 넘은 노인네가 아직도 팔팔합니다. 황태자께서 아직 10대이고 하니 조금 더 기다려 보는 것도 방법이라고 사료되옵니다."

"됐다. 네 만류로 터트리지 못한 샴페인이 내 와인 셀러에서 13년째 숙성되고 있다. 이제는 마셔야 할 때다. 와인에는 요즘 제철인 버섯 요리가 제격이지."

기원전 10년에 태어난 로마의 제4대 황제 클라우디우스는 54년에 13년 숙성된 와인과 독에 중독된 버섯요리를 먹고―네 번째 부인에 의해―독살되었어. 드디어 아그리피나의 아들 네로가 10대의 나이에 로마의 제5대 황제로 등극하게 되었어.

10대의 네로는 예술을 사랑하고 대중 앞에 나서기를 좋아했어. 실제로 음악과 대중연설에도 상당한 재능을 보였다고 해. 그래서인지 집권 초기에는 정치에 별 관심이 없었다고 해. 그러니, 이틈을 이용해 야망 덩어리 엄마가 치맛바람을 휘날리며 정국을 주도했고, 황제와 엄마가 동등한 위치에 있는 모습이 담긴 주화까지 나오게 되었어.

하지만 시간이 흘러 성인이 된 네로 황제는 마마보이 놀이가 지겨워졌어. 아니, 엄마의 모든 행동이 눈에 거슬리기 시작했어.

"어머니. 저도 이제 스물한 살입니다. 제 여자 문제는 제가 알아서 하겠습니다. 제 사생활에 더는 간섭하지 말아 주세요. 또한 저는 당신의 아들이기 전에 로마의 황제입니다. 이제 당신의 도움이 필요하지 않습니다. 당신의 왕성한 활동 때문에, 원로원이나 민중에게 제 위신이 서질 않습니다."

"뭐? 당신? 네가 지금 나한테 당신이라고 했느냐? 이 천하의 배은망덕한 놈아! 네가 정녕 누구 때문에 황제가 된 것인지 잊었단 말이냐? 넌 나 아니면 벌써 길바닥에서 죽었을 운명이다. 애비 없던 너를 황제로 만든 건 나란 말이다. 네까짓 놈이 뭘 안다고 그래? 나 없으면 로마가 제대로 돌아갈 줄 아느냐? 아들아, 다시 생각해라. 난 아직도 살아 있다."

그녀는 상당한 권력을 가지고 있었기에, 네로는 우선 그녀의 라인을 타고 있던 주요 인사들을 해임하며 그녀를 옥죄기 시작했어. 그럴수록 그녀의 저항은 더욱 거세졌고, 황제에게 힘으로 맞서려고 하자 네로는 최후의 결단을 내렸어.

"더는 안 되겠다. 그래도 황제의 친모에 대한 예우를 갖춰서 최대한 고통 없이 보내드리도록 하라."

네로는 결심을 굳히고 화해의 제스처를 하는 척하며 어머니를 만찬에 초대했어.

"어머니. 제가 아직 어리고 우매했습니다. 그동안 어머니 마음을 고생시킨 것에 대한 속죄의 뜻으로 연회를 마련했습니다. 부디 마음 푸시고 내일부터는 다시 저의 든든한 국정 운영 파트너가 되어 주세요."

"아닙니다. 황제 폐하! 제가 분수도 모르고 그동안 참으로 무례했습니다. 황제께서 이리 먼저 손을 내밀어주시니 황공하옵니다. 오! 저기 버섯요리가 참으로 맛있어 보입니다. 자, 건배하시지요."

다음 날, 어머니의 사망 소식에 악어의 눈물을 준비하고 있던 네로 앞에 그녀가 멀쩡히 나타났어.

"어, 어머니? 이…… 이게 어떻게 된 일입니까?"

"아니, 버섯에 독이라도 탄 사람처럼 왜 이리 놀라십니까? 저는 산전수전 공중전 다 겪은 여자입니다. 버섯요리는 제가 좀 알지요. 요즘 여기저기서 독살 위험이 있다고 해서 제가 식전 30분, 식후 30분에 해독제를 두 번이나 복용하고 있습니다. 호호."

"아…… 네……."

네로는 플랜 B를 실행하기 위해서, 자신의 개인 피트니스 강사인 해방 노예 아니케로스를 직접 불렀어.

"내일 아침 뉴스의 헤드라인은 반드시 어머니의 사망 소식으로 뒤덮여야 함을 반드시 명심하거라."

헨리크 시에미라즈키(Henryk Siemiradzki), 〈네로의 횃불〉(Nero's Torches), 1881.
로마의 대화재 이후 네로 황제는 민심 수습책의 하나로 당시 기독교도에게 책임
을 덮어씌우고 그들을 학살했다.

"네. 폐하 헤드라인 문구도 이미 뽑아놨습니다. '미네르바 여신
의 축일에 일어난 선박 사고로 황제의 모친 사망!'이라고 말입니
다."

하지만 다음 날 아침, 네로 황제 앞으로 "발신인: 엄마"가 선명히
찍힌 서신이 도착했어.

"아들아. 어제 네가 보내준 배는 정비가 부실했던 것 같더구나.
배가 침몰하고 말았다. 허나 내가 또 어린 시절을 섬에서 유배 생
활로 보내지 않았더냐. 배영을 안 배워뒀으면 체력이 달려서 익사
할 뻔했지 뭐니. 이 어미는 무사하니 너무 걱정하지 말거라. 난 너

를 믿는다."

"우아악! 어머니! 곱게 저세상으로 보내드리려고 했더니, 끝까지 이러실 겁니까? 아니케로스! 지금 당장 어머니의 처소로 가서 단칼에 베어버려라. 형식이고 나발이고 이제는 없다."

결국 아그리피나는 아들이 보낸 킬러에 의해서 무참히 살해되었어. 내란 음모죄로 사형에 처했다는 정부 당국의 발표에도 여론은 네로에게서 등을 돌리고 말았어.

이 사건 이후로 네로가 보인 과격한 행동의 변화로 미루어보아, 그도 자신이 저지른 폐륜으로 인해 스스로 무너진 건 아닐까? 로마의 대화재는 네로의 방화라는 이야기는 현대에 와서 타당성이 상당히 떨어지는 이야기로 인식되고 있지만, 이런 일들이 겹치면서 네로는 서른한 살의 나이에 반란군에 쫓기는 신세가 되었고, 자살로 생을 마감하고 말았지.

혹시 말이야, 로마 대화재는 아들에게 죽임을 당한 아그리피나가 네로 황제에게 내린 마지막 복수의 고리가 아닐까?

8

수치심도 불사한
아름다운 희생
_백성을 위해 옷을 벗은 레이디 고다이버

세금 감면을 주장한 영주 부인

2018년 가을, 한국의 스크린을 점령한 〈보헤미안 랩소디〉라는 영화를 기억해? 이 영화에 나온 퀸의 노래 중 〈Don't Stop me now〉에 언급된 한 여인이 있어.

"I'm a racing car passing by like Lady Godiva."

퀸의 보컬 프레디 머큐리가 외치는 그녀의 이름은 바로 레이디 고다이버야. 도대체 어떤 인물이었길래 퀸의 노래 가사에도 등장하게 되었을까?

그녀는 영국 런던에서 한 시간 거리에 위치한 코벤트리의 영주 부인이었어. 이 부부는 오늘도 백성들에게 걷는 세금 문제로 목소리를 높이고 있었어. 아니, 영주 부인이 일방적으로 당하고 있었지. 21세기도 아닌 11세기의 이야기야.

"여자가 뭘 안다고 그리 입을 함부로 놀리는 거요? 납세의 의무는 온 백성이 당연히 지키는 것이오. 쥐뿔도 모르면서 나서지 마시오."

"당연히 세금은 내야지요. 하지만 정도가 너무 지나치십니다. 세금이 어느 정도여야지요. 지금 자유 농민층이 완전히 무너지고 있습니다. 그들은 우리 사회의 근간을 이루는 계층이었으나 이제는 귀족들의 노예 상태로 전락하고 말았습니다. 제발 백성들의 기본 생활이 가능한 선에서 세금을 거두어주세요."

"어허, 이 답답한 여자를 봤나? 당신이 노예로 사는 것도 아니잖소. 그냥 영주 부인답게 사치나 부리면서 조용히 살다가 가세요. 지금 같은 핏줄이라고 싸고도는 거요?"

이 부부의 대화를 정확히 이해하기 위해서는 이 당시 영국의 상황에 대한 추가 설명이 필요해. 레이디 고다이버가 살던 당시 영국은 크누트Cnut 1세가 통치하던 시기였어. 영국은 6세기 이후 앵글로색슨족이 세운 나라인 건 알고 있지? 그런데 787년 노르웨이계 바이킹보다 조직화된 덴마크계 바이킹이 겨우 배 세 척을 끌고 영국 해안에 상륙했어.

덴마크는 '데인인의 나라'라는 뜻이야. 이 데인인 바이킹의 해적

질에 영국은 돈을 쥐어주며 돌려보냈는데, 이 돈을 마련하기 위해 마련된 세금을 데인겔드Danegeld라고 해.

그런데 돈을 쥐어주면 돌아가던 이 바이킹들의 욕심은 점점 커졌고, 마침내 11세기에 데인족 출신의 크누트 1세가 영국 전체를 집어삼켜버렸어. 그러고는 백성을 수익모델로 비즈니스를 하기 시작한 거야. 해적질로 살아오던 데인족의 머리에서는 창조적인 경제 모델이 나올 리 만무했어.

"세금이라는 좋은 빨대가 있는데 머리는 왜 굴려?"

소작농으로 살던 앵글로색슨족들은 과중한 세금 때문에 노예로 전락하는 신세가 되었어. 레이디 고다이버가 살던 코벤트리 지역도 마찬가지 상황이었지. 그래서 그녀는 남편에게 세금 감면을 강력하게 주장하고 있었던 거야.

그녀가 무식하고 잔혹한 영주 남편의 협박에도 굴하지 않고 계속해서 백성들을 위한 간언을 멈추지 않은 어느 날이었어.

"아! 거 참! 진짜 시끄러워 살 수가 없구먼. 여자가 뭘 안다고. 가만? 좋소! 만약 내가 제안한 미션을 당신이 해낸다면 내가 쿨 하게 개돼지들의 세금을 감면시키겠소. 어때 구미가 당기시오?"

"세금 감면을 위한 일이라면 어떤 일이라도 하겠습니다."

영주는 음흉한 눈으로 그녀를 쳐다보더니 충격적인 조건을 제시했어.

"일주일 후 태양이 가장 높게 뜨는 낮 12시 광장으로 나오시오.

내가 가장 사랑하는 애마가 대기하고 있을 것이오. 그리고 그 말을 타고 우리 영내를 한 바퀴 돌면 내가 당신의 제안을 받아들이겠소. 단! 옷을 하나도 걸치면 아니되오. 어떠시오? 해볼 만하지 않소? 으하하하!"

백성을 감동시킨 숭고한 행진

영주 남편의 사이코패스적인 제안에 대해 그녀는 선뜻 대답할 수가 없었어. 영주는 이 소식을 즉시 온 영내에 전파했고, 백성들은 걱정과 희망이 교차했어.

"레이디 고다이버님은 하늘이 내린 천사가 틀림없다니까. 그나저나 정말로 그 제안을 받아들이실까?"

"이봐, 지금은 11세기야. 만약 그 제안을 받아들이신다면 우리야 더할 나위 없이 좋겠지만 그분에게는 사회적 사망 선고나 다름없어. 난 그냥 그분의 마음만 받는 것으로도 만족하네. 이 시대에 여자로서 전라로 광장에 나선다? 그건 자살행위야. 자살행위."

"난 우리 레이디 고다이버님이 우리를 위해서 반드시 광장에 나오실 거라 믿어요. 대신 우리 모두가 그녀를 지켜주는 거예요. 일요일 11시부터 모든 사람이 창문까지 걸어 잠그고 행진이 끝날 때까지 밖을 보지 않는 걸로 우리의 뜻을 모읍시다."

드디어 누드 행진을 약속한 당일.

존 콜리어(John Collier), 〈레이디 고다이버〉(Lady Godiva), 1898.
고다이버 부인은 자신의 백성들을 위해 여성으로서 느낄 극도의 수치심을 이겨내
고 광장에 나왔다.

광장에는 개미 새끼 한 마리 보이지 않았고, 영내의 모든 집은
창문을 걸어 잠그고 레이디 고다이버를 마음으로 응원했어. 이때
의 일을 후세에 존 클리어라는 화가가 〈레이디 고다이버〉라는 그
림으로 남겼어.

이 그림을 보면 하얀 백마 위에 전라의 여인이 앉아 있어. 그녀
가 자신의 백성들을 위해 여성으로서 느낄 극도의 수치심을 이겨
내고 광장에 나왔음을 느낄 수 있어. 이 얼마나 대단한 용기야. 그
리고 백성들의 지지와 협조가 있었기에 숭고한 행진으로 마무리될
수 있었어.

하지만 어디나 새는 바가지 하나쯤은 있기 마련이잖아. 톰이라는 이름을 가진 양복 재단사가 그녀의 행진을 몰래 훔쳐보다가 나중에 발각되었어. 이 사건에서 관음증을 의미하는 '피핑 톰Peeping Tom'이 유래되었다고 하니 재단사 톰은 역사에 이름을 추악하게 새긴 예라고 볼 수 있지. 톰은 사람들에게 응징을 받아 장님이 되었거나 죽었다는 이야기가 전설처럼 전해지고 있어.

그녀의 이야기에 깊은 감명을 받은 이는 그룹 퀸뿐 만이 아니었어. 세계적인 사랑을 받고 있는 초콜릿 회사인 고디바Godiva도 그녀의 용기에 감동했기에 회사의 로고로 그녀의 모습을 선택한 것이 아닐까?

9

국가에게
버림받은 영웅
_전쟁의 희생양이 된 잔 다르크

신의 부름을 받은 어린 소녀의 등장

프랑스와 잉글랜드는 1337년부터 1453년까지 복합적인 이유로 전쟁을 치렀는데, 훗날 역사가들은 이 전쟁을 '백년전쟁'이라고 부르고 있어. 이 기간에 수많은 영웅과 모략자, 패배자가 등장했지만, 최고의 스타는 누가 뭐라고 해도 프랑스의 10대 소녀 잔 다르크Jeanne d'Arc 아니겠어? 그녀를 심층 분석하기 전에 백년전쟁에 대해서 간략하게 짚고 넘어가자고.

이 전쟁은 잉글랜드의 에드워드Edward 3세가 프랑스 왕위를 요구한 게 시발점이라고 말하지만, 대부분의 전쟁이 그렇듯이 권력

욕과 물욕이 합쳐진 결과였어. 양국의 기득권들에게 큰돈이 되는 포도주와 양모에서 나오는 돈 또한 주된 이유 중 하나였어. 참고로, 백 년 내내 전쟁을 했던 건 물론 아니야. 전쟁의 주요 격전지가 프랑스이다 보니 이곳 백성들의 피해가 훨씬 더 컸고, 백년전쟁이 끝나면서 현대의 영국과 프랑스라는 국가 개념이 공고히 자리 잡게 되었어.

아무튼 약 네 배나 많은 인구를 가진 프랑스가 영국과 100년 넘게 전쟁을 하게 될 줄은 아무도 몰랐어. 그리고 전쟁이 끝나기 40여 년 전, 프랑스의 시골 마을 동레미에서 천사의 계시를 받게 되는 한 소녀가 태어났어.

잔 다르크는 또래보다 독실한 신자라는 것 외에는 특이한 점이 없는 평범한 소녀였어. 그러나 그녀는 열세 살 때부터 신의 음성이 들리기 시작했다고 해. 급기야 열여섯 살이 되던 해에는 천사 미카엘, 성 카테리나 등으로부터 구체적인 지시사항을 하달받기에 이르렀어.

"잔 다르크여! 프랑스의 도팽(왕세자)을 도와 잉글랜드를 이 땅에서 몰아내거라. 그리고 빌빌거리고 있는 그를 프랑스의 왕으로 즉위시키도록 해라."

"제…… 제가요? 저같이 비천한 소녀의 말을 누가 믿어주기나 할까요? 그리고 제가 정말 그런 위대한 일을 해낼 수 있을까요?"

"너! 감히 지금 신의 계시를 무시하는 것이냐? 우리도 바쁘다. 아무에게나 계시를 내리지 않는다."

"아…… 알겠습니다."

신의 계시를 받긴 했지만, 잔 다르크는 아무리 생각해도 아무도 자신의 말을 믿어줄 것 같지 않았어. 그래서 삼촌과 함께 가까운 군부대를 찾아서 자초지종을 설명했어.

"그래요? 그러니 한마디로 말해 당신의 조카가 우리 프랑스를 구하고 세자를 왕위에 앉혀줄 국민 영웅이 될 거라는 신의 계시를 받았다는 말이죠?"

"네. 맞습니다. 우리 잔 다르크는 사실 어릴 때부터……."

"여봐라! 당장 이것들을 끌어내라. 안 그래도 지금 전략적 요충지인 오를레앙이 영국 놈들한테 포위당해서 초비상 상태인데 어디서 이런 거지같은 것들을 데려와서……."

이렇게 프랑스 왕세자를 만나기 전에 거쳐야 할 관문이 너무나 많았어. 하지만 잔 다르크는 끈질기고 일관된 주장을 펼쳤고, 마침내 왕세자를 만날 기회를 얻었어.

한편 이 소식을 들은 프랑스 왕세자는 이렇게 말했어.

"내일 그 신비한 소녀가 여기 시농성으로 나를 만나러 온단 말이지? 내가 그 아이를 테스트 해봐야겠다. 거기 너! 내일 나랑 옷을 바꿔 입자. 그리고 네가 왕세자인 척해라. 나는 네놈의 옷을 입고 이쪽에 사람들과 섞여 있겠다. 나도 알아보지 못하는 아이가 어찌 나를 왕위에 앉히겠느냐?"

한 나라의 왕세자가 시골 소녀의 황당할 수도 있는 말을 듣고 면

담을 승인한 것은— 훗날 샤를Charles 7세로 등극하게 되는—그도 지푸라기라도 잡아야 하는 상황이었기 때문이야.

사실 그는 잉글랜드에 프랑스 북쪽 지역을 빼앗기고 시농성에서 은둔 중이었어. 또한 그의 어머니가 시동생과의 불륜으로 그를 낳았다는 소문이 퍼지면서 왕의 정통성에 강한 흠집을 입은 상태였어. 거기다 프랑스 왕들이 대대로 대관식을 치렀던 랭스도 적의 손에 있으니 우울증이 올 지경이었지.

이런 상황 때문이었을까? 그는 점성술과 예언을 상당히 신봉했다고 해. 어쩌면 그에게 잔 다르크의 재림은 마지막 동아줄일 수도 있었어.

드디어 두 사람의 첫 만남이 이루어지던 날. 남루한 남자 옷을 입은 잔 다르크가 한 번도 본 적이 없는 변장한 왕세자 앞으로 다가갔어.

"내가 오를레앙의 포위를 풀고 랭스를 되찾아 왕세자님의 즉위를 돕겠습니다. 아니, 어쩌면 그건 내가 아니라 내 몸을 빌린 신일지도 모릅니다. 저를 전적으로 믿으셔야 합니다."

신하들의 찬반이 있었지만, 왕세자는 잔 다르크에게 4천 명의 병력을 지원했어. 잔 다르크가 오를레앙에 도착하기 전, 잉글랜드군에 그녀의 편지가 먼저 도착했어.

신께서 너희들을 프랑스에서 몰아내라고 나 잔 다르크를 선택하셨

장 푸케(Jean Fouquet), 〈샤를 7세의 초상화〉, 1445~1450. 자신이 왕이 되는 데 큰 도움을 주고, 오를레앙을 지키던 잔 다르크가 잉글랜드에 포로로 잡혔지만, 그는 매몰차게 그녀를 버리고 만다.

다. 지금이 너희가 잉글랜드로 무사히 돌아갈 수 있는 마지막 기회다. 내가 오를레앙에 도착하기 전에 포위를 풀고 조용히 물러나거라.

"으하하! 프랑스 왕세자가 이제 완전히 미쳤구나. 무슨 수를 써도 우리를 이길 수 없으니 별 해괴한 짓거리를 다 하는구나. 어디서 감히 천한 계집이 남자들 하는 일에 끼어들어!"

프랑스군도 잔 다르크에 대해서 반신반의했지만 전투 도중 그녀가 치명적인 부상을 입고도 복귀하자 정말 신의 계시를 받은 소녀라는 믿음이 싹트기 시작했어.

현대 전쟁에서 중요하게 고려하는 요소는 아니지만, 이 시대에

장 오귀스트 도미니크 앵그르
(Jean-Auguste-Dominique Ingres),
〈샤를 7세 대관식의 잔 다르
크〉(Jeanne d'Arc au sacre du roi
Charles VII), 1854.
잔 다르크는 16세 때 신의 계시
를 받아 백년전쟁에서 프랑스를
구하고 국민 영웅이 되었으나,
오히려 민심을 호도한 죄로 19
세에 화형당했다.

는 전쟁 시 군의 기세와 사기가 중요한 요소였어. 프랑스군은 신을
등에 업고 싸운다고 생각했고, 영국군은 신이 자신들을 버렸다고
생각했어. 기세가 역전되자 전력의 차이는 무의미해졌고, 잔 다르
크는 오를레앙, 파테에 이어서 마침내 랭스까지 되찾게 되었어.

"정말이냐? 잔 다르크 장군이 랭스를 수복했다고? 그럼 나의
대관식도 곧 치를 수 있게 되겠구나! 으하하!"

1429년, 실의에 빠져 있던 프랑스 왕세자는 잔 다르크 덕분에
랭스에서 화려한 대관식을 치르게 되었어. 〈샤를 7세 대관식의 잔
다르크〉라는 그림을 보면 그녀는 멋진 갑옷과 깃발을 들고 서 있는
데 그 모습은 슈퍼 히어로 그 자체야!

잔 다르크, 프랑스에게 버림받다

오늘날에도 프랑스 사람들에게 국민 영웅으로 추앙받는 그녀의 인기는 당대에는 엄청났겠지? 잔 다르크 덕에 위기를 넘기고도 왕과 기득권들은 문맹에다가 신분도 비천한 어린 소녀의 위상이 높아지는 것이 몹시 심기에 거슬렸어.

'잉글랜드에 지는 것도 싫지만 저 어린 것이 백성들의 지지를 받는 것이 더 거슬린다.'

그래도 그들은 잔 다르크가 필요했어. 그녀는 헐벗고 굶주린 백성을 위해 다시 콩피에뉴 전투에 나섰고, 잉글랜드에 포로로 잡히고 말았어. 잉글랜드 입장에서는 다시 전세를 역전시킬 수 있는 상징적인 존재를 손안에 넣었고, 프랑스 측이 얼마나 당황하고 있는지 궁금했기에 서신을 보냈어.

너희들의 위대한 잔 다르크가 우리 손에 있다는 것은 알고 있겠지? 납득할 만한 전쟁 배상금을 약속한다면 그녀의 석방도 고려해보겠다. 하지만 잔 다르크의 귀환을 바란다면 엄청난 대가를 치러야 할 것이다.

하지만 샤를 7세는 잔 다르크를 구하기 위해서 아무런 행동도 취하지 않았어. 이 소식은 투옥 중이었던 여전사 잔 다르크에게도 전해졌어.

"네가 목숨 걸고 지킨 조국과 네 손으로 즉위시킨 왕이 너를 버렸다. 너 혼자 고고한 척, 깨끗한 척할 필요가 없다 이 말이다. 이제 선택은 너의 몫이다. 우리를 위해 신의 계시를 받아오든지 마녀로 몰려 화형을 당하든지 선택해야 할 것이야. 만일 후자를 택한다면 그 고통은 네가 상상도 하기 힘들 것이야."

그때 그녀는 불과 열아홉 살이었어. 인간적인 번뇌와 원초적인 두려움이 있었지만, 그녀는 굴복하지 않았어.

1431년, 잔 다르크에 대한 형식상의 재판이 신속하게 마무리되었어.

"신의 계시는 오직 사제만이 받을 수 있다. 그러나 사제도 아닌 미천한 신분의 잔 다르크는 거짓으로 민심을 호도했다. 또한, 여자가 남성의 옷을 입는 등 미풍양속을 해친 죄 또한 크다. 잔 다르크는 이단이며 마녀다. 그동안의 판례에 따라 잔 다르크를 화형에 처한다!"

열여섯 살에 신의 계시를 듣고 3년 동안 불꽃 같은 삶을 살다간 잔 다르크! 그녀는 뜨거운 불길이 그녀의 몸을 휘감을 때도 결코 목숨을 구걸하지 않았다고 해. 잔 다르크가 백년전쟁을 종식시키지는 못했지만, 프랑스가 최후의 승자가 될 수 있도록 승리의 물꼬를 튼 것은 부인할 수 없는 사실이야.

그녀가 죽은 뒤 26년이 지나서야 샤를 7세는—자신의 왕권 강화를 위해—마녀 혐의를 풀어주었어. 그리고 1920년 교황 베네딕토 15세는 잔 다르크를 성인으로 시성했어.

제 3 부

엉뚱한 선택이 낳은 위대한 결과:
바보들이 만든 역사

10

3천 년 역사 집필에
필생을 걸다
_궁형을 선택한 사마천

전한 이후의 치열한 세계

기원전 206년 유방에 의해 세워진 한나라는 서기 9년에 신나라에 의해 잠시 폐업했는데, 우리는 이를 전한이라고 부르고 있어. 이후 한나라의 후손인 광무제光武帝가 25년에 후한으로 그 문을 다시 연 후, 220년까지 역사를 이어가게 되는데!

이중 전한의 제7대 황제인 한무제 때 등장한 중국 역사학의 대부! 사마천司馬遷의 이야기를 들려줄까 해. 먼저 사마천의 인생에 커다란 영향을 준 한 전투 현장으로 가보자고.

한무제의 명을 받고 흉노 정벌에 나선 장군 이릉은 적군에 완전

사마천
흉노에 잡힌 이릉 장군을 변호
했다는 이유로 궁형을 당한 사
마천은 중국에서 가장 중요한
역사서 중 하나인 《사기》를 집
필했다.

히 포위되었어.

"이대로 싸우다가 죽느냐, 적에게 항복한 후 훗날을 도모하느냐,
이것이 문제로구나."

이릉은 5천 명의 군사로 열 배가 넘는 흉노군과 싸우고 있었고,
한무제의 측근인 이광리 장군은 대군을 이끌고도 흉노군과 제대
로 된 전투도 못 하는 상황이었어. 이릉은 한마디로 '졌잘싸('졌지만
잘 싸웠다'의 줄임말)'라는 여론의 지지를 받을 만한 상황이었어.

"그래! 나도 할 만큼 했다. 그리고 조파노趙破奴 장군도 적에게 항
복한 후, 탈출하여 다시 관직까지 받지 않았나!"

결국 이릉은 흉노의 포로가 되었고, 이 결정의 나비효과가 사마

천의 남성성을 앗아갈 줄 누가 알았으랴!

사마천의 아버지 사마담司馬談은 한나라의 태사령을 지냈던 인물이야. 그도 훗날 아버지의 뒤를 따르게 되었고, 어려서부터 아버지로부터 역사 조기 교육을 받게 되었어.

"아들아! 우리 집안은 역사학계에서 잔뼈가 굵은 집안이다. 그러나 역사서는 책상에 앉아서만 쓸 수 없다. 너도 이제 스무 살이 되었으니 문화유산 답사를 떠나도록 하거라!"

이리하여 청년 사마천은 역사의 흔적을 따라 길을 나섰고, 이런 현장 답사는 관리가 되고 나서도 이어졌어. 이런 현장 경험이야말로 위대한 역사서인《사기》의 밑거름이 된 것이 아닐까?

사마천이 30대 중반이 되었을 무렵 아버지가 위독하다는 전갈을 받고 임종을 지키기 위해 급히 근무지에서 달려왔어.

"아들아! 황제께서 태산에 봉선의 의식을 올리셨다. 그런데 나는 주남에 체류하고 있어 참석하지 못했다. 역사를 기록하는 태사령의 자리에 있었기에 더욱 뼈아프다. 네가 이 아비가 이루지 못한 꿈을 반드시 이루어주기를 바란다."

아버지의 유언과 자신의 의지가 시너지 효과를 일으키며 사마천은 역사서 제작에 박차를 가했어. 그는 마치 빈센트 반 고흐가 동생에게 편지를 보낸 것처럼 그의 절친인 임안任安에게 자주 편지를 보냈다고 해.

"대야를 머리에 인 채 하늘을 볼 수 없지 않은가? 대외활동을 하지 않음은 물론이요, 집안일도 신경 못 쓰고 오직 역사서 편찬에 최선을 다하고 있다네."

사마천, 가짜뉴스에 휩싸이다

10여 년의 세월이 흘러 사마천이 40대 후반이 된 기원전 99년. 마침내 이릉의 항복이 일으킨 나비효과가 사마천을 덮쳤어.

"폐하! 흉노에 항복하고 포로가 되어 목숨을 부지한 이릉 장군을 이대로 두어서는 안 됩니다. 그리고 만약 탈출하여 우리 한나라로 돌아온다고 해도 극형에 처해야 할 줄 아뢰오."

"태사령 자네 생각은 어떤가? 괜히 내 눈치 보지 말고 역사적 관점에서 자네의 생각을 말해보게."

"소신은 이릉 장군과 아무런 인연도 없기에 가감 없이 말씀드리겠나이다. 이릉 장군은 열 배가 넘는 흉노군과 싸웠기에 패배의 책임을 물을 수 없다고 사료되옵니다. 오히려 폐하의 측근인 이광리 장군의 실책이 크다고 사료되옵니다."

"그래? 다른 신하들과는 다른 관점을 가지고 있구나! 그럴 수 있지……. 여봐라, 사마천을 당장 하옥시켜라!"

"아니, 이게 무슨 짓입니까? 이것은 명백한 사실이옵니다!"

이후 사태는 사마천에게 더욱 불리하게 전개되었어. 흉노에 잡혀 있던 이릉 장군이 흉노를 위해 일한다는 가짜뉴스가 한나라 전역에 퍼지면서 그 일가족은 참형을 면치 못하게 되었어.

"폐하! 이릉 장군을 변호하던 사마천도 극형으로 다스려야 할 줄 아뢰옵니다."

사마천은 고대 중국부터 무려 3천여 년의 역사를 기록한 《사기》를 아직 완성하지 못한 상태였어.

"이보게 무슨 방법이 없겠나? 나는 여기서 죽을 수가 없네. 아버님과의 약속을 떠나서 내 필생의 숙원 사업을 마쳐야 하네."

"자네도 알다시피 우리 한나라에서 사형수가 살아남을 수 있는 방법은 단 두 가지뿐. 우리 같은 서민이 감당할 수 없는 보석금을 내거나, 궁형을 택하는 것인데……. 결정은 자네가 하게나."

"궁형이라……. 《사기》를 완성하는 일이 살아남아 평생 수치를 받는 일보다 가치가 있는지 하루만 생각해보겠네."

이 당시 궁형에 대한 사회 분위기를 엿볼 수 있는 일화가 하나 있어. 위대한 성인 공자孔子가 위나라의 영공靈公이 궁형을 받아 환관이 된 자와 마차에 함께 오르는 것을 보았어.

"아니, 궁형을 받은 자와 동석을 하다니! 이 나라는 안 되겠다."

공자가 이 정도였으니 일반 대중이 궁형을 당한 사람을 바라보는 시선은 훨씬 심했겠지?

사마천은 결국 궁형을 택했고 자유의 몸이 된 이후로 더욱 《사기》 편찬에 온 열정을 불태웠어. 그리고 마침내 위대한 역사서인 《사기》를 완성한 후, 그의 베프인 임안에게 아래의 내용과 같은 편지를 보냈어.

드디어 대업을 마쳤네. 사기는 대략적으로 이렇게 구성되어 있다네. 왕조의 사건을 시대순으로 기록한 〈본기〉 12권, 도표나 연표로 역사를 설명해주는 〈표〉 10권, 정치 외에 각종 분야를 다룬 〈서〉 8권, 최고 권력자에 버금가는 인물들을 다룬 〈세가〉 30권, 사회 각계에 걸친 주요한 인물들을 다룬 〈열전〉 70권 등 총 130권.

사마천은 각 편의 마지막에 '태사공 왈'로 시작하는 자신의 생각을 실었어. 《사기》 중 〈백이열전〉에 대한 그의 생각을 보고, 필자가 오늘의 시대에 빗대어 아래와 같이 인용해보았어.

하늘의 도는 사사롭지 아니하고, 바르게 사는 사람과 함께한다고 하는데, 일본에 맞서 독립운동을 하다 죽은 독립투사는 바른 사람들인가? 그들의 후손들은 굶어 죽은 이도 허다하다. 극악무도한 친일파는 날마다 선량한 사람들의 등골을 뽑아먹고 간을 꺼내먹으며, 무리 수천 명을 모아 포악방자하게 같은 민족을 짓밟았지만, 끝내 천수를 다하고 죽었다. 이른바 하늘의 도라고 하는 것은 과연 옳은가 그른가?

11

무모한 서역 원정이
비단길을 열다
_ 장건의 실크로드 발견

기마민족 흉노의 중흥

중국을 최초로 통일한 이는 진시황제이고, 제국의 길을 연 것은 한나라의 제7대 황제 한무제라는 평가가 있어. 열여섯 살에 즉위하여 재위 기간만 무려 54년에 이르렀던 그의 무덤은 높이만 무려 47미터에 이른다고 해. 이 초대형 무덤을 조성하기 위해서 타운이 형성되었고, 소년 사마천도 아버지를 따라 이사를 왔다고 해. 먼 훗날 자신에게 궁형을 내릴 황제의 무덤을 만들기 위해 형성된 도시에 인류 역사에 남을 역사가가 이주한다? 이래서 역사가 '넷플릭스'를 보는 것보다 재미있는 것 같아.

한데 이렇게 잘 나가던 한무제에게도 해결하기 힘든 외부 요인이 있었으니, 그들은 몽골고원과 만리장성 일대를 기반으로 맹활약한 기마민족 흉노야. 한무제는 흉노를 안건으로 국가안보회의를 주관하고 있었어.

"진시황제께서 저것들 때문에 만리장성까지 쌓으셨는데 해결이 안 되네, 해결이. 뭔가 기발한 방법 없겠느냐?"

"폐하! 어제 흉노의 포로들을 취조하던 중 고위급 간부에게서 쓸 만한 정보를 하나 얻었습니다. 얼마 전 흉노와 월지 간에 전쟁이 벌어졌는데, 흉노의 왕인 선우單于가 월지 왕의 두개골을 술잔으로 사용한다는 첩보입니다. 항간에는 요강으로 사용하고 있다는 말도 있다고 하옵니다."

"그래? 그럼 월지 사람들은 흉노에 대한 감정이 매우 안 좋겠구나?"

"그러하옵니다. 흉노 물품 불매운동도 활발하게 일어나고 있다고 하옵니다. 그리고 흉노 내부에서도 조카와 삼촌이 왕좌의 게임을 벌이고 있기 때문에 어수선하다고 하옵니다."

"기회는 지금이다. 지금 당장 월지로 특사를 보내 군사협정을 맺고, 우리 한나라와 월지가 협공하여 흉노를 지도상에서 완전히 지워버리자."

이리하여 기원전 139년, 한무제는 월지와의 군사동맹을 맺기 위한 TF팀을 구성하기로 하고 팀장 채용공고를 냈어.

서역(중국의 서쪽 지방을 지칭) 탐사대 팀장 급구

- 주요 업무: 100여 명에 이르는 TF팀 수장이 되어 월지와 군사동 맹 체결.
- 혜택: 네이티브 스피커급으로 월지 말이 가능한 통역관 대동.
- 특전: 임무 완수 후 무사 귀환 시 초고속 승진 보장.
- 특이점: 월지가 흉노에게 패한 후 서쪽으로 줄행랑쳐서 월지가 정 확히 어디 있는지 아무도 모름. 따라서 월리를 찾아서……가 아니 라 월지를 먼저 찾는 것이 급선무.

서역 원정대 팀장에 산시성 출신으로 낭중이라는 직책을 가진 장건張騫이 손을 번쩍 들고 나섰어.

장건이 모든 채비를 마치고 흉노 출신 통역관 감부甘父와 길을 나서자 그가 걱정스러운 목소리로 입을 열었어.

"나리! 도대체 왜 이런 극한 직업에 도전하신 겁니까? 월지를 찾 아서 서쪽으로 이동을 하려면 흉노 진영을 지날 수밖에 없습니다."

"그래? 채용공고에는 그런 말이 없던데? 월지와 담판을 짓기도 전에 흉노의 포로가 되는 건 아닌지 모르겠구나."

월지가 어디 붙어 있는지도 모르고 길을 떠난 이 무모한 서역원 정대는 결국 월지는 구경도 못 하고 흉노군에게 잡히고 말았어. 그 리고 흉노 고위층에서는 그들의 흉노 체류를 권했어.

"이봐 장건! 어디로 도망갔는지도 모르는 월지를 어떻게 찾는다

는 거야? 너희 황제도 참 답이 없는 사람이네. 그냥 여기서 눌러
살아. 내가 참한 부인감도 알아봐줄 테니 말이야."

포로 생활은 10년 가까이 이어졌고 그 사이 장건은 흉노의 여인
과 결혼까지 했지만 그에게 주어진 미션을 하루도 잊지 않았어.

'반드시 월지를 찾아서 황제 폐하께서 내리신 미션을 달성하고
고국으로 돌아가리라!'

장건의 손으로 열린 실크로드

흉노 고위층이 대권 다툼으로 경비가 소홀해진 어느 깊은 밤, 장
건은 그의 부인과 통역관 감부를 데리고 마침내 탈출에 성공했어.

"나리! 한나라는 저쪽입니다. 왜 서쪽으로 가시려는 겁니까?"

"내 살아생전에 월지와 군사동맹을 맺지 않고는 고국으로 돌아
갈 수 없다."

"아니, 아직도 월지 타령이십니까? 무작정 서쪽으로 가면 월지가
나온답니까? 나리도 참 대단하십니다. 어휴, 내 팔자야!"

어렵게 흉노 탈출에 성공한 장건 일행은 서쪽으로 며칠을 가다
중앙아시아에 위치한 대완이라는 나라에 다다르게 되었어. 통역관
감부 덕에—비록 행색은 거지꼴이지만—한나라의 특사라는 것과
월지를 찾고 있다는 상황을 대완의 왕에게 잘 설명할 수 있었어.
대완의 왕은 장건의 무모한 도전에 탄복했어.

불상에 기도하고 있는 한무제
(둔황석굴 벽화 일부)
전한(前漢)의 7대 황제 한무제
는 치세 기간 내내 실크로드 개
척을 강력하게 추진했다.

"10년 넘게 포로로 잡혔다가 또다시 어디 있는지도 모르는 월지를 찾아 나섰다고? 남의 나라 신하지만 참으로 대단하구나. 여봐라! 장건 일행을 월지까지 잘 안내해주도록 하라."

대완의 왕 덕분에 장건은 10년 만에 월지의 왕을 마침내 만나게 되었어. 참으로 감격스러운 순간이 아닐 수 없었지! 하지만 월지 왕의 입에서 나온 말은 충격 그 자체였어.

"한나라와 손을 잡고 흉노를 치자고? 내가 왜? 우리는 이미 흉노를 용서했다네. 인류가 저지른 수많은 악행 중에 최악이 전쟁이라네. 이렇게 물 좋고 땅 좋은 곳에서 살다 보니 세상을 보는 시각이 달라졌어. 자네도 여기서 며칠 몸을 추스르고 고국으로 돌아가게나. 자네만 원한다면 여기서 살아도 좋고!"

월지는 훗날 아라비아 상인들이 오아시스라고 부르는 곳에서 터전을 잡고 평화주의자로 변해 있었어. 장건이 아무리 설득을 해도 월지는 요지부동이었어.

목표를 상실한 장건은 아내와 통역관에게 고국으로 돌아가자고 힘없이 말했고, 통역은 지도를 펼쳐 들었어.

"나리! 어차피 한참 늦은 귀향길입니다. 천천히 돌아가시죠. 흉노를 가로질러가다 또 포로가 된다는 것은 생각만 해도 끔찍합니다. 조금 멀리 가더라도 티베트 쪽을 경유해서 가야 할 것 같습니다."

하지만 장건은 흉노에게 또 잡혔어. 그러나 그는 불굴의 의지로 버티고 버티다 또다시 탈출에 성공해 고국인 한나라로 돌아오니! 무려 13년이라는 세월이 지나버렸어.

한무제는 비록 임무는 완성하지 못했지만 장건을 황제의 고문격인 태중대부로 임명했어. 그리고 장건은 한나라 최고의 서역 전문가로서 장안에 화제가 되었어.

"장건 그 양반 말이야. 심지가 대단한 양반이야. 흉노 체류 10년은 물론이고 서역 이곳저곳 안 다닌 곳이 없으니 그 지역의 고급 정보가 아주 그 양반 손바닥 안에 있다고 하더구먼."

"그럼! 조지(러시아)는 물론이고 신독(인도)에 대해서도 모르는 게 없다고 하는데, 종합상사 차리면 대박이 나겠어!"

훗날 《사기》에 나오는 서역에 대한 대부분의 정보는 장건이 몸으로 부딪쳐서 얻어낸 것들이야.

하지만 한무제는 서역 전문가 장건과 함께 무역을 추진하려고 한 게 아니라 오직 타도 흉노만을 고집했어.

"어떤가? 몸은 좀 회복되었나? 이제 슬슬 머리도 굴리고 몸도 움직여야 하지 않겠나? 월지가 아니면 어디가 우리의 군사동맹으로 좋겠나?"

"흠……. 오손이 적합한 줄로 아뢰옵니다."

"그래? 그럼 이번에는 지난번 1차 서역 원정대보다 세 배 많은 인력과 두둑한 자금을 지원해줄 테니. 내일 당장 떠나게."

"내, 내일이요?"

"왜? 너무 이른가?"

"아, 아니옵니다. 넉넉한 지원에 몸둘 바를 모르겠사옵니다. 오손과 반드시 군사동맹을 맺고 돌아오겠습니다."

부담감을 백배 안고 무거운 발걸음을 옮긴 장건은 오손에 도착하자마자 외교활동을 펼쳤어. 그러나 오손의 수녀부는 한나라와 흉노 사이에서 균형 외교를 펼치며 장건의 애간장을 다 태워버렸어.

'아! 이 죽일 놈의 흉노가 끝까지 내 발목을 잡는구나. 허나 이대로 빈손으로 돌아갈 순 없다. 뭐라도 해야겠다. 서역 전문가인 내가 할 수 있는 일이 무엇일까?'

장건은 오손 현지에서 중앙아시아 각 36개국으로 특사를 파견했어. 그리고 그는 빈손으로 쓸쓸히 귀국한 후 1년 만에 험난했던 인생 여정을 마감했어.

그런데 그의 사후 오손에서 출발했던 특사들이 놀라운 소식을 가지고 한나라로 귀국했어.

"폐하! 서역의 많은 나라가 우리 한나라의 위용을 모르고 있었다고 하옵니다. 허나 장건이 보낸 특사들을 통해 제국의 위상을 알고 우리와 교역을 원하고 있다고 하옵니다. 특히 우리의 비단이 아주 인기가 높다고 하옵니다."

그 이후 한나라는 서역의 많은 나라와 교역을 시작하게 되었고 결국에는 그 길이 로마까지 통하게 되었다고 해. 바야흐로 중국의 비단이 오가는 길인 실크로드가 장건에 의해서 열린 거야.

애초에는 흉노를 제거하기 위해 군사동맹을 찾기 위한 것이었으나, 장건의 길고도 험난한 여정을 통해 오늘날 전 세계에 엄청난 영향을 미친 실크로드가 열렸어. 물론 그가 지나간 길은 절대 헛되지 않았지.

12

세 번의 '참을 인'으로
일본을 통일하다
_ 최후의 승자, 도쿠가와 이에야스

사무라이 정신의 기원을 찾아서

반일 정서가 확산된 지금은 초등학생 조카가 어른들의 옷 상표가 일본 제품인지 확인하고, 11월 11일에 막대 초콜릿 과자 대신 가래떡을 찾는 시국이야. 하지만 정작 우리는 적대시하는 일본에 대해 아는 게 많지 않아. 그래서 일본의 역사에서 매우 중요한 인물로 취급되고 있고, 혼란했던 일본을 통일한 한 남자에 대한 이야기를 같이 알아보자고. 상대방을 무조건 적대시할 것이 아니라 그들의 역사를 알고 냉정하게 대응해야 하지 않겠어?

일본이라고 하면 반사적으로 사무라이가 떠오르는데, 사무라이는 일본의 헤이안 시대(794~1185) 말에 등장했다고 해. 그리고 이무사 계급의 정권을 뜻하는 가마쿠라 막부, 에도 막부, 무로마치막부는 어디서 들어는 본 것 같지? 여기서 막부는 전쟁터에서 천막을 쳐 놓고 작전을 짜던 곳이야.

일본의 무사 정권은 1868년 메이지 유신 때까지 무려 700년간 지속이 되었으니, 그들이 일본 사회에 미친 영향력은 말하면 귀찮을 판이야.

그래서 에도시대(1603~1867)의 문을 활짝 열어젖힌, 일본에서는 신과 같은 레벨로 대접받고 있는 도쿠가와 이에야스德川家康에 대한 이야기를 준비해봤어.

도쿠가와 이에야스는 혼란의 시대를 살며 온갖 개고생을 정면으로 돌파했고, 최후의 승자로 살아남았어. 그의 라이벌은 이름만 들어도 짜증이 솟구치는 도요토미 히데요시豊臣秀吉와 오다 노부나가織田信長 등이 있어.

오늘날 도쿠가와 이에야스를 모시는 사당에는 입과 귀를 막고, 눈을 가린 세 마리의 원숭이가 새겨져 있다고 해. 조선시대의 며느리처럼 살라는 말인가? 그처럼 인내하면 신처럼 추앙받을 수도 있다는 교훈을 주고 싶었던 것이 아닐까?

그래서 그의 인생에서 '참을 인忍'이 필요했던 세 가지 장면 위주로 이야기를 풀어볼까 해.

도쿠가와 이에야스는 1543년 성주의 장남으로 태어났으니 흙수

저 출신은 아니야. 하지만 당시에는 폭력과 야합이 난무하는 시대였어. 아버지는 전략적 판단으로 이혼을 하게 되었는데, 그의 나이 겨우 두 살이었으니 오히려 정신적 충격이 덜했을지도 몰라. 하지만 여섯 살이 되자 유치원 대신 적진에 인질의 신분으로 가게 되었어. 이 와중에 다른 적에게도 넘겨지는 등 혼란스러운 생활이 이어지는데 인질이란 사실만은 변하지 않았어.

아들과 영지 중에 후자를 선택하기도 했던 그의 아버지는 결국 측근에게 암살당하고 말았어. 조강지처를 버리고 장남을 버린 대가를 치른 걸까?

도쿠가와 이에야스는 겨우 여덟 살 때, 가문이 사라지는 초비상 사태에 직면하게 되었어. 어린 나이의 그는 이 위기를 어떻게 헤쳐나아갈까?

이후 10년 넘는 인질 생활을 버틴 원동력이 뭐 따로 있었겠어. 참고 또 참았겠지! 그도 내일 죽을지도 모른다는 정서적 불안감과 굴욕을 완전히 이겨내지는 못했을 거야. 그저 인내하는 수밖에.

오로지 기다린 끝에 기회를 포착하다

그렇게 첫 번째 '참을 인'을 통해 목숨을 부지한 도쿠가와 이에야스는 고향으로 돌아와 겁먹은 고양이처럼 몸을 바짝 엎드리고 지냈어. 당시 잘나가던 오다 노부나가의 장녀와 자신의 장남을 결

도쿠가와 이에야스
에도시대에 활약한 그는 수단과
방법을 가리지 않고 최후의 승
자로 살아남았다.

혼시킴으로써 나름의 준비를 해나가면서 말이야. 이 일은 마치 두 가문의 결혼 동맹처럼 보이지만 힘의 균형이 완전히 기울어져 있었어. 그는 오다 노부나가의 가신처럼 지내며 각종 전투에 참여했고, 신뢰를 얻기 위해 고군분투했어.

'살아남아야 한다. 수단과 방법을 가지지 않고 살아남아서 힘을 길러야 한다. 반드시 한 번은 나에게도 기회가 올 것이다.'

그러나 기회는 쉽게 찾아오지 않고 계속해서 참아야 할 일만 일어났어. 두 번째로 극도의 참을성이 필요했던 일은 엉뚱하게도 고부 간의 갈등에서 비롯되었어.

상전 같은 며느리를 모셔왔지만, 고부 간의 갈등은 동서고금을 가리지 않는 법. 시집살이에 짜증이 난 오다 노부나가의 딸은 아빠에게 없는 말을 보태 고자질을 했어.

"아빠, 제 남편과 시어머니가 스파이 노릇을 하는 듯한 정황을 포착했어요. 이것은 절대로 제가 시집살이에 대한 분풀이가 아님을 알아주셔요."

전국 제패를 노리던 오다 노부나가도 딸 바보였던 걸까? 그는 충격적이게도 도쿠가와 이에야스에게 부인과 장남을 죽이라는 명령을 내렸어.

'이 무슨 날벼락이란 말인가? 아무리 전국 제패가 중요하다지만 처자식을 죽이면서까지 해야 하나?'라는 자괴감에 빠질 법도 했으나, 그는 두 번째 '참을 인' 카드를 뽑아 들고 오다 노부나가의 지시를 따랐어.

부인을 참수시키고 아들에게 할복을 명한 도쿠가와 이에야스는 오다 노부나가의 사망 후에는 그의 차남에게 대를 이어 충성했어. 이때 그들의 적은 바로 도요토미 히데요시였어!

도쿠가와 이에야스는 전력상 객관적으로 봐도 열세였지만, 도요토미 히데요시 군대와 맞서 나름의 선전을 이어 갔어. 허나 오다 노부나가 가문의 생각은 달랐어.

"우리는 오늘부터 도요토미 히데요시 밑으로 들어간다. 우리 집안에 대대로 충성을 했으니 나를 따르라."

'이 정도는 참을 인이 필요하지도 않다. 상관이 바뀌는 일 정도

야…….'

이제 도쿠가와 이에야스는 도요토미 히데요시의 수족이 되어 각종 전투에서 혁혁한 공을 세우며 승승장구했어.

그러나 시련은 파도처럼 다시 찾아왔어. 1590년 도쿠가와 이에야스를 경계한 히데요시로부터 좌천 인사 통보를 받게 된 거야!

"이에야스 님! 이런 부당한 처사를 절대 받아들일 수 없습니다. 강력하게 항의해야 합니다."

"그렇습니다. 이에야스 님에게 이럴 수는 없습니다. 정치 1번지 교토에서 이렇게 먼 곳으로 밀려나게 되면 우리가 언제 돌아올지 기약할 수 없습니다."

"이번 조치는 히데요시도 이에야스 님을 두려워하고 있다는 명백한 증거입니다. 그냥 들이받아버리죠?"

"아닐세. 지금이야말로 세 번째 '참을 인' 카드를 쓸 차례일세."

"뭐라고요!"

도쿠가와 이에야스는 도요토미 히데요시가 가라고 한 곳보다 더 동쪽인 에도(도쿄)로 떠나기로 하자 그를 따르는 가신들은 경악하고 말았어.

"에도? 지금 제정신이십니까? 그곳은 여러 강이 바다로 나오는 습지와 갯벌 천지의 깡 어촌 마을입니다."

"지금까지 갖은 고생을 하고 갑자기 귀촌이라니요? 도대체 무슨 생각이십니까?"

세키가하라 전투를 그린 병풍
1600년에 벌어진 세키가하라 전투에서 승리한 도쿠가와 이에야스는 1603년 쇼군
이 되고 에도 막부를 개창했다.

"마지막으로 나를 믿고 따라주시오. 우리 힘으로 에도시대를 열
어봅시다."

하지만 막상 에도에 도착한 이에야스와 그의 가신들은 그 참담
함에 눈앞이 깜깜했다고 해.

"어디서부터 손을 대야 할지 모르겠습니다. 이건 신도시 건설 수
준의 노력이 필요합니다. 우선 이에야스님이 머물 궁부터 서둘러
짓겠습니다."

"됐소! 내가 그런 호사를 누리자고 당신들을 이곳으로 데려온 것
이 아니오. 여러분들의 거처부터 마련하고 안정이 된 후 궁에 대한

것은 차후에 논의합시다. 그리고 우리가 모두 힘을 합친다면 이 늪지대 에도가 사람들로 넘쳐나는 오사카 같은 도시가 될 것입니다."

이날 이후, 눈물 없이 들을 수 없는 힘겨운 토목 공사가 시작되었어. 오늘날 도쿄 중심의 절반 이상이 바다를 메워 만들어진 곳이고, 일왕이 거주하는 에도성은 원래 해안가였다고 해.

그리고 도쿠가와 이에야스의 호언대로 18세기 에도는 인구 100만 명이 넘는 도시가 되었고, 메이지 유신 이후에는 교토의 동쪽이란 뜻으로 도쿄라는 이름으로 불리게 되었어.

그의 세 번째 '참을 인' 카드는 또 다른 의미에서 신의 한 수가되었는데, 그건 바로 임진왜란에 참전하지 않은 거였어.

당시 정신이 완전히 나간 도요토미 히데요시는 전 병력을 조선 침공에 투입했으나 도쿠가와 이에야스의 병력만은 어촌개발사업이라는 핑계로 전쟁에 참여하지 않으면서, 내실을 다질 수있었어.

"내가 이에야스를 너무 과대평가했나 보구나. 그냥 어촌에 계속찌그러져 장수 대신에 토목장이로 살게 내버려두어라."

1598년 도요토미 히데요시는 자기 아들에게 충성을 이어 갈 것을 가신들에게 유언으로 남기고 사망했어. 이후 전국의 다이묘들이 청군 백군이 아닌 동, 서군으로 나누어 전국 제패를 놓고 최후의 일전을 앞두게 되었어.

마침내 1600년 10월 21일, 양 진영이 모든 걸 걸고 맞붙은 세키가하라 전투를 승리로 이끈 도쿠가와 이에야스는 일본 넘버원 자리에 올라섰어. 그리고 1603년 2월, 일왕으로부터 정식으로 인증을 받고 쇼군의 자리에 오르며 에도시대의 서막을 스스로 열었어.

13

구국의 기로에서
한 발 물러서다
_시안사건의 설계자, 장학량

시안사건의 재구성

1936년 12월 11일 밤.

장국영 뺨치게 잘생긴 한 남자가 거울 앞에 섰어. 이 남자는 자신이 가진 모든 것을 버리고 구국을 위한 행동을 하느냐, 상관의 잘못된 판단을 모른 체하고 자신의 영달을 지키느냐의 갈림길에 서 있어.

그는 바로 중국의 1212인 시안사건의 설계자 장학량張學良이었어. 마흔이 되기 전에 가슴에 별을 달고, 잘생긴 외모로 이탈리아 파시즘을 세운 베니토 무솔리니Benito Mussolini의 딸의 마음도 훔친 그가 시안사건을 설계하게 된 배경과 대반전의 이야기를 지금부터 들려줄게.

장학량은 1898년 6월 4일 만주지역 군벌에서 위세를 떨치던 장작림張作霖의 장남으로 태어났어. 아버지가 마적생활을 청산하고 위안스카이 휘하에서 군인으로서 커리어를 쌓아갈 때, 아들인 그도 현장에서 경험을 쌓으며 무섭게 성장했어.

그러나 1928년 동북의 왕이라고 불리던 장작림이 탄 만주행 기차가 일본군에 의해서 폭발되었고, 장학량은 장개석蔣介石과 손잡고 조국과 아버지를 위해 일본군과 싸우기로 했어.

그런데 1931년 9월 19일, 일본 관동군은 자신들의 관할인 만주 철도를 스스로 폭파하는 엽기적인 행각을 저질렀어.

"이것은 대일본 제국에 대한 중국의 심각한 주권침해 행위다. 이에 우리는 정당한(?) 군사 행동으로 적의 도발에 맞설 것이다."

관동군은 만주 전역에 걸쳐 대대적인 공격을 펼쳤고, 마침내 1932년 3월 1일, 만주 괴뢰국을 세우는 몹시도 변태적인 짓을 마무리했어.

자신의 아버지와 성장의 터전이었던 만주까지 일본에 빼앗긴 장학량은 '타도 중국 공산당'에 초점을 맞춘 장개석을 설득하려고 나섰어.

"타도 일본이 우선입니다. 지금 같은 민족인 중국 공산당을 공격할 때가 아닙니다. 외세인 일본을 먼저 물리치고 공산당을 제거해

장학량
중국 시안사건을 설계한 그는 조국과 아버지를 위해 일본군과 싸울 것을 결심했으나, '타도 중국 공산당'에 초점을 맞춘 장개석과 의견이 충돌했다.

도 늦지 않습니다."

"자네 혹시 사사로운 감정에 치우친 거 아닌가? 지금이야말로 중국 공산당의 숨통을 끊어놓을 절호의 기회야. 일본은 감히 우리 중국을 어찌하지 못할 걸세. 우리의 최대 적은 중국 공산당이야. 자네가 아무리 뛰어난 장군이지만 상관은 나란 걸 명심하게나. 안색이 안 좋은 게 좀 쉬어야겠어. 유럽에 가서 좀 쉬다 오게."

이렇게 1933년 장학량은 유럽으로 때 아닌 안식년 휴가를 떠나게 되었고, 다시 돌아왔을 때도 그가 맡은 임무는 일본 타도가 아닌 중국 공산당 타도였어.

'이건 아닌데, 아버지의 원수라서가 아니라 나라의 원수이기에

일본을 먼저 쳐야 하는데……. 어쩌면 결단의 순간이 올지도 모르 겠다.'

중국 전역은 학생들을 비롯하여 항일운동으로 여론이 형성되어 있었지만, 장학량은 어쩔 수 없이 장개석의 명령에 따라 중국 공산당인 홍군의 토벌 작전을 수행할 수밖에 없었어.

그렇게 세월은 또 흘러 대장정을 마친 홍군이 시안으로 이동하자, 장개석은 중국 공산당의 공격을 직접 지휘하기 위해 운명의 장소로 갔어. 이 첩보를 접한 장학량의 오른팔인 양후청楊虎城이 그의 방문을 열어젖혔어.

"장군님! VIP가 비행기를 타고 여기 시안으로 오고 있다고 합니다. 독전 때문이라고 합니다."

"독전이라……. 중국 공산당의 끝을 직접 지휘하겠다는 거군."

"어쩌면 이번이 마지막 기회일지도 모릅니다. 제쳐두시죠?"

"그건 최후의 보루로 남겨둡시다. 내 조국을 사랑하는 사나이의 눈물로 호소를 해보겠소. 그도 이번에는 틀림없이 타도 일본을 외치는 국민의 목소리를 외면하지 못할 것이요."

장개석이 시안에 도착하자 장학량은 그를 찾아 눈물의 스피치를 했어.

"어쩌면 마지막 기회일지도 모릅니다. 중국 공산당과 연합하여 일본을 칠 수 있는 마지막 기회 말입니다. 민심을 듣고 현명한 결정을 내려주신다면 저는 침략자 일본을 공격하는 최선봉에서 하찮은 제 목숨을 바칠 것입니다. 늦지 않았습니다. 총구의 방향을 돌리실 것을 사나이의 눈물로써 호소합니다.

"내가 이래서 직접 비행기를 타고 왔다니까! 또 소리인가? 그 끈기와 집착으로 일본 말고 공산당을 때려잡으란 말이야! 국민들이 뭘 안다고 그래! 일본보다 더 나쁜 놈이 공산당이라고! 자네 같은 고위직부터 이런 썩어빠진 생각을 하고 있으니, 공산당 토벌이 이리 늦어지는 것이야. 이번에는 내가 직접 지휘해서 이 홍군의 씨를 말려야겠어."

모든 지위를 잃고 감옥에 갇히다

며칠 후, 장학량과 양후청은 결단을 내렸어.

12월 12일 새벽 5시. 한 발의 총성과 함께 시안사변이 시작되었어. 양후청의 병력은 기습적으로 장개석의 호위대를 제압해버렸고, 장학량의 병력은 옷도 제대로 입지 못하고 달아나던 장개석을 잡았어.

시안사변의 설계팀 내부에서도 장개석의 처리를 놓고 의견이 갈렸어.

"장개석을 죽여야 합니다. 항일하겠다는 약속만 받아내고 살려두면 결국에는 우리가 당할 것입니다. 그리고 저자는 일본군과 싸우겠다는 약속을 지키지 않을 것입니다."

"장개석과 국민당이 거절할 수 없는 제안을 하겠다. 국민당의 TF팀을 불러라."

다음 날 시안 공항에는 국민당의 장개석 석방을 위한 TF팀이 도착했고, 여기에는 장개석의 부인 송미령宋美齡이 포함되어 있었어. 그런데 당시의 사진을 보면 그녀의 표정은 몹시도 평온해보여. 그녀를 따뜻하게 맞이하는 장학량의 모습도 긴박한 상황과는 어울리지 않았어.

"먼 길 오느라 수고하셨습니다."

"오랜만이군요. 더 멋있어지셨어요."

이 두 사람은 사실 과거 연인 사이였어.

다음 날 양측이 합의를 마치고 성명을 발표했어.

"우리는 시안사변을 계기로 타도 일본을 위해 2차 국공합작에 합의했습니다. 전 인민 앞에서 내전정지, 일치항일을 약속드리는 바입니다."

장개석 입장에서는 거절할 수 없는 제안이었어. 그리고 장학량은 성공한 쿠데타임에도 제 발로 군법위원회로 걸어 들어갔어.

'됐다. 이제 우리나라가 올바른 방향으로 나아가게 됐다. 개인으로는 아쉽지만 군인으로서 후회는 없다.'

장학량은 모든 지위를 잃었음은 물론이요, 10년의 금고형을 선고받았어.

장개석이 1949년 대만으로 쫓겨 가면서 중국 본토의 진귀한 보

장개석과 송미령(1942)
장개석의 부인 송미령은 사실 장학량과 과거 연인 사이였다.

물을 배에 싣고 간 사실은 알고 있지? 그 보물들은 현재 세계 4대 박물관 중의 하나라고 불리는 대만국립고궁박물관에 전시되어 있어. 장개석이 도망치면서 보물과 함께 압송해간 이가 바로 장학량이야. 자기의 부인의 옛사랑이자 자신을 납치했던 남자를 잊지 않고 끌고 가, 1993년까지 가택 연금을 시켰어. 남자도 한을 품으면 서리가 내리겠어.

가택 연금이 풀린 후 한 기자가 왜 장개석을 그때 죽이지 않았냐고 물었어. 그는 "그녀를 과부로 만들고 싶지 않았소"라고 대답했어.

어떤 나라의 군인들은 개인의 욕심을 위해 자국민에게 총질을 하고 모든 것을 차지하기도 하잖아. 장학량이 완벽한 인간상이라고 할 수는 없지만, 군인으로서의 판단과 커리어에는 박수를 보내야 하지 않을까?

장학량은 1995년 동생이 있는 하와이로 건너가 2001년 10월, 무려 104세를 일기로 사망했어.

14

로마와 이탈리아를 구한
두 바보

_킨킨나투스와 가리발디

권력보다 농사를 택한 영웅

미국의 롤 모델이 로마였음을 알 수 있는 흔적은 곳곳에서 발견할 수 있어. 로마를 상징하는 독수리가 미국을 대표하는 새가 되었고, 미국 국회의사당capital은 로마의 신전이 있는 'Capitolinus'에서 유래되었어. 그리고 미국의 도시 신시내티Cincinnati는 로마를 구한 한 장군의 이름에서 따온 것이야.

자, 그럼 기원전 519년에 태어난 킨킨나투스Cincinnatus가 어떻게 미국 도시의 이름을 차지하게 되었는지 살펴보자고.

로마에서 누구보다 잘 나가던 킨킨나투스는 군인 아들이 대형

사고를 치면서 한순간에 나락으로 떨어지고 말았어.

"여보! 우리 아들 카이소를 저대로 감방에 둘 건가요? 일단 보석
금을 내고 애를 집으로 데려와야죠!"

"흠……. 군인이 민간인을 살해하다니. 보석으로 잠시 풀려나도
사형을 면하기 어려울 것이요."

보석으로 잠시 풀려난 사고뭉치 아들은 그 길로 외국으로 도망
쳐버렸고, 모든 책임은 아버지 킨킨나투스가 뒤집어쓰게 되었어.
자식이 사고를 쳐도 아버지가 권력만 있으면 모두가 무탈한 어느
나라와는 참으로 대조적이야.

"아들의 보석금으로 전 재산을 날린 것은 아깝지 않으나 내가
그동안 쌓아놓은 명예를 잃은 것은 참으로 애석하오. 부인, 나는
더는 로마에 미련이 없소. 우리 귀농합시다."

그의 부재와 상관없이 로마는 무탈했고, 그도 농부의 삶에 차츰
적응해가고 있었어. 그러나 영웅은 위기에서 나타나는 법! 주변의
여러 부족들의 공격에 로마가 휘청거리게 된 어느 날, 원로원에서
는 대책 마련을 위한 긴급회의가 열렸어.

"큰일입니다. 집정관이 이끄는 군대가 적들에게 완전히 포위되었
답니다. 이러다 우리 로마의 숨통이 끊어지는 건 아닌지 모르겠습
니다. 뭔가 대책이 필요합니다."

"일반적인 방법으로는 지금의 위기를 탈출할 수 없소이다."

"역시 그 사람밖에 없겠군요."

"그 사람이 우리 제안을 수락할까요? 로마에 대해서 개인적으로 서운함이 있을지도 모르는데?"

"거절할 수 없는 제안을 해야지요. 6개월 임기의 독재 관직을 제안하는 겁니다."

"헉! 그건 대통령과 국무총리직을 동시에 주는 거나 마찬가지입니다. 그리고 전쟁이 끝난 후, 그가 딴마음을 먹기라도 한다면 그자를 제어할 안전장치가 없습니다."

"우선 급한 불부터 끄고 그 일은 나중에 걱정합시다."

원로원의 특사는 급히 농부로 제2의 인생을 시작하고 있던 킨킨나투스를 찾았어.

"로마가 위급합니다. 지금 들고 있는 호미를 당장 내려놓으시고 딕타토르(독재관)의 자리에 올라 로마를 위해 칼을 들어달라는 전갈입니다."

"로마가 나를 필요로 하는구나. 부인, 올해 농사를 망치기 전에 내 금방 다녀오리다."

현직 농부이자 전직 집정관 출신의 장군 킨킨나투스는 마치 중국 삼국시대 관우의 포스를 풍기며 전장으로 향했어.

그리고 2주 후, 로마 원로원이 다시 발칵 뒤집혔어.

"큰…… 큰일입니다! 킨킨나투스가 전쟁을 승리로 이끌고 백성들의 열화와 같은 지지를 받으며 로마로 돌아오고 있다고 합니다."

"벌써요? 이거 큰일이구면. 아직 임기가 5개월이 넘게 남았는데 그자가 딴마음이라도 먹는 날에는……."

"딴마음 안 먹으면 바보지요. 권력 앞에 장사 없지 않습니까!"

그러나 로마를 위기에서 구한 장군 킨킨나투스는 바보 같은 선택을 했어.

"내가 할 일은 다 끝났소. 임기가 아직 남아 있지만 평화로운 로마에 독재관은 필요로 하지 않소. 나는 농사일이 바빠서 이만."

"저런, 세상 쿨한 척하기는. 이보시오! 나중에 딴소리하기 없소이다."

"저자는 몇천 년이 흘러도 후손들에게 기억될 것이오. 바보 아니면 위대한 위인으로."

2,000년이 지난 오늘날까지도 그의 이름은 이탈리아뿐 아니라 한국에서도 회자되고 있으니 권력에 대한 욕심을 버린 그의 선택이 옳았어.

빨간 셔츠를 입은 국민 영웅의 소박한 조건

두 번째 바보는 첫 번째 바보 주자로부터 무려 2,000여 년이 흘러 오늘날의 통일 이탈리아 건국에 결정적인 역할을 한 1807년생 주세페 가리발디Giuseppe Garibald야.

그가 태어났을 때만 해도 우리가 아는 이탈리아는 없었어. 서로마제국의 멸망 이후 이탈리아는 도시 국가의 형태로 이어져 왔어.

이런 이탈리아를 통일하자는 운동인 '리소르지멘토'는 프랑스 혁명에서 영향을 받아 시작되었고, 가장 큰 문제는 실질적으로 이탈리아를 지배하고 있던 오스트리아 제국이었어.

이탈리아 통일운동의 중심에 있는 사르데냐 왕국의 전력 회의를 살짝 훔쳐보자고.

"지금 우리 이탈리아는 크게 네 지역으로 나누어져 있습니다. 먼저 베네치아 왕국, 프랑스를 등에 업은 교황령의 로마, 그리고 시칠리아 왕국, 마지막으로 우리 사르데냐 왕국입니다."

"우리가 오스트리아와의 일전을 승리로 이끌려면 현재 은둔 중인 그 빨간 셔츠 사나이의 군사력이 절대적으로 필요합니다."

"좋습니다. 주세페 가리발디가 원하는 게 무엇인지 물밑 협상을 통해 알아보고 도움을 요청합시다."

주세페 가리발디는 정치적 감각은 떨어지지만 탁월한 군사 전문가였어. 또한 그는 항상 빨간 셔츠만 입고 다니며 인간적인 매력으로 그를 따르는 사람들의 절대적인 지지를 받고 있었지. 이런 이유로 그의 군대를 '붉은 셔츠단'이라고 불렀는데, 전투 도중에도 민간의 피해를 일절 주지 않아 국민적 지지가 대단했다고 해.

"장군! 우리는 이미 이탈리아 통일에 한 번 실패한 경험이 있소. 이번이 어쩌면 우리에게 주어진 마지막 기회일지도 모르오. 우리의 정치력과 장군의 군사력이 합쳐진다면 반드시 성공할 것이오."

"좋습니다."

에도아르도 마타니아(Edoardo Matania), 〈코모로 입성하는 가리발디〉, 1886.
1859년 4월, 사르데냐 왕국과 오스트리아와의 전쟁(제2차 이탈리아 독립전쟁)이 벌어지자 지원병 부대 '알프스의 사냥꾼'을 이끌고 코모(Como) 등에서 승리했다. 이 전쟁의 결과, 사르데냐 왕국은 이탈리아 북부의 롬바르디아를 획득했다.

주세페 가리발디는 즉시 그의 붉은 셔츠 군단을 이끌고 시칠리아 왕국으로 돌진했고, 수적인 열세에도 대승을 거두는 기적을 만들었어. 그 기세를 몰아 칼라브리아와 나폴리를 점령하니 그는 이탈리아 국민들의 절대적 지지를 받는 국민 영웅이 되었어.

하지만 이탈리아 나머지 지역의 통일을 위해서는 권력의 일원화가 필요했어.

사르데냐 왕국의 왕인 에마누엘레 2세와 주세페 가리발디 장군 중 한 명이 대승적 차원에서 양보가 필요한 상황이었어.

양측이 최종 담판을 짓기로 한 날. 주세페 가리발디는 33년 전 세상을 떠난 그의 동지이자 아내인 아니타의 스카프를 목에 두르고 늘 입던 빨간 셔츠를 입고 나타났어. 그리고 바보 같은 자신의 결정을 모두에게 알렸어.

"온 국민이 이탈리아의 통일을 원하고 있습니다. 누군가 한쪽은 양보가 필요한 상황입니다. 그래서 내가 획득한 이탈리아 남부의 모든 통치권을 넘기겠소. 단 한 가지 조건이 있소."

"오! 어서 말해보시오."

"1년 동안 먹을 마카로니를 제공해주시오. 그것이면 충분하오."

주세페 가리발디는 그렇게 1년 치 마카로니만 받고 은둔하고 있던 섬으로 돌아갔다고 해. 이런 바보 같은 결정으로 인해 이탈리아에서는 그의 셔츠를 여성용으로 리폼해서 입는 패션까지 유행했고, 1864년 그가 영국에 방문했을 때는 록스타급의 환대를 받았다고 해. 그의 명성은 유럽을 넘어 아메리카 대륙에까지 전해졌고, 미국의 에이브러햄 링컨Abraham Lincoln이 스카우트 제의를 했다는 말도 전해지고 있어.

주세페 가리발디 장군의 군사력과 권력을 내려놓는 용단으로 인해 1861년 이탈리아 왕국이 세워졌고, 1870년 마침내 통일 이탈리아가 완성되었어.

오늘날 해군 출신인 그를 기리기 위해 이탈리아 해군의 항공모함에 그의 이름이 붙여졌다고 하니, 우리나라로 치면 이순신 장군급의 명성과 존경을 받는 인물이 아닐까 싶어.

영원한 권력은 없지만, 이것을 좇는 자들은 역사에 더러운 이름으로 기억되고 있고, 권력에 대한 바보 같은 결정을 한 이들은 시공간을 뛰어넘어 모두에게 추앙받고 있다는 사실을 그들이 반드시 기억했으면 해.

15

세상의 모든 것이
궁금했던 남자
_ '최초의 미국인', 벤저민 프랭클린

독학으로 일궈낸 아메리칸 드림

미국의 1달러 지폐는 조지 워싱턴George Washington 대통령이, 5
달러에는 에이브러햄 링컨 대통령이 새겨져 있어. 그래서 100달러
지폐에 새겨져 있는 벤저민 프랭클린Benjamin Franklin을 대통령으
로 착각하는 미국인도 있다고 해. 그러니 지금 이 글을 읽고 있는
독자 제위 여러분 중에서도 벤저민 프랭클린을 미국의 대통령으로
알고 있었다고 부끄러워할 필요는 없어.

자, 그럼 지금부터 대통령도 아닌 그가 무려 미국의 100달러 지
폐의 모델이 될 자격이 있는지 차근차근 살펴보자고.

프랭클린은 미국이 영국으로부터 독립하기 전인 1706년에 보스턴에서 태어났어. 태어난 순간 그를 지켜보는 가족의 눈망울 수를 확인하고는 이렇게 생각하지 않았을까?

'이야! 이거 내 밥그릇은 내가 챙겨야겠구나. 형제, 자매만 13명이네.'

그의 아버지는 두 번의 결혼을 통해 대가족을 이루었고, 프랭클린은 아이들 중 열 번째 아들이었어. 그런데 집안 살림도 넉넉하지 못해서 학교는 2년밖에 못 다녔다고 해.

정규교육을 거의 받지 못한 그가 훗날 다방면에 대한 지식과 업적으로 르네상스맨이나 박사로 불리게 된 이유는 무엇이었을까?

그것은 바로 독학! 세상의 이치를 깨닫기 위한 지적 호기심으로 충만한 그에겐 정규 교육의 부재는 큰 문제가 되지 않았어.

형과 아버지 밑에서 양초와 비누를 만들어 파는 일을 하던 그는 고향에서는 성공할 수 있는 답이 없다고 생각했어.

"내가 좋아하는 시를 계속 읽으면 굶어죽는다는 아버지와 형들에게서 벗어나야 한다. 일단 필라델피아로 떠나자."

타지에서 10대 소년의 삶은 어려웠겠지만 그는 승승장구했어. 아무것도 가진 것 없던 그가 최초의 아메리칸 드림을 이룬 원동력은 무엇이었을까? 그건 바로 그가 스스로를 다그친 한 문장 때문이 아니었을까?

누구나 아는 말이지만, 현대 직장인과 학생들의 아픈 곳을 찌르는 희대의 명언이 바로 그의 입에서 나왔어.

"오늘 할 일을 내일로 미루지 마라."

그는 평생에 걸쳐 이런 수칙들을 스스로 만들어놓고 실천 여부에 대한 체크리스트까지 만들어 스스로 감시했다고 해. '프랭클린 플래너'가 괜히 그의 수첩에서 착안한 것이 아니야.

훗날 "빈 수레가 요란하다", "뭉치지 않으면 죽는다" 등의 명언 제조기가 된 프랭클린은 필라델피아에서 인쇄업자로 성공하지만, 그를 돈방석에 앉힌 것은 바로 책이었어.

유럽에서도 크게 성공한 《가난한 리처드의 연감*Poor Richard's Almanack*》은 그에게 부와 명예를 동시에 안겨주었어.

무모한 도전으로 세상을 편리하게 바꾸다

프랭클린은 마흔두 살이 되던 해에 오늘날 모든 직장인의 로망인 은퇴를 선언했어.

"경제적 자유를 이루었으니 이제 내가 진정 원하는 일에 몰두해야겠다."

프랭클린은 요트를 타고 전 세계를 누비거나 향락에 빠져 지내지 않고 자신이 가진 부와 능력을 가치 있게 사용함으로써 100달러 지폐에 자신의 얼굴을 새기게 되었어.

프랭클린은 대학교를 설립하고 초대 총장으로 취임하게 되는데,

100달러에 그려진 벤저민 프랭클린
"오늘 할 일을 내일로 미루지 말라" 등 명언을 남긴 그는 자신이 가진 부와 능력을
가치 있게 사용해 많은 분야에서 업적을 남겼다.

이 학교는 오늘날 미국 동부의 명문이자 아이비리그에 속하는 펜실베이니아대학교야. 그는 유럽을 배로 오가면서 파도의 흐름에 대해 연구했고, 곤충과 인구, 태양의 흑점 등에 이르기까지 온갖 분야에 오지랖 넓은 관심을 기울였다고 해. 여기에 그의 연구는 큰 성과를 거두기까지 했다고 해.

레오나르도 다빈치Leonardo da Vinci를 떠올리게 하는 그의 다방면에 대한 관심과 성과 중에서 으뜸은 과학 분야였어. 그는 획기적인 열효율을 자랑하는 난로를 개발하여 서민들의 몸과 마음을 데워주었는데, 서민들은 이 난로를 '프랭클린 난로'라고 부르게 되었어.

또한 오늘날 배터리, 도체 등의 전기 분야에 관한 많은 용어와 개념을 그가 제시했는데, 프랭클린과 떼려야 뗄 수 없는 것은 바로 번개야. 프랭클린의 번개 실험 이전에 세상 사람들은 번개가 전기와 무관하다고 생각했어.

1752년 6월, 비 내리는 어느 날, 그는 금속이 달린 연을 들고 아들과 함께 번개를 잡으러 나섰어.

"번개에 전기가 포함되었다는 사실을 증명하면 번개로 인한 화재나 사고도 막을 수 있을 것이다. 아들아, 아빠와 함께 가주겠니?"

훗날 프랭클린의 연을 이용한 번개 잡기를 시도하다 사망사고까지 발생했으나, 이들은 '설마 죽기야 하겠어'라는—심각한—무지가 있었기에 실험에 성공할 수 있었어.

이날 금속이 탑재된 연을 이용해 번개의—천운으로 죽지 않을 만큼의—손맛을 본 프랭클린에 의해서 피뢰침이 탄생하게 되었어.

프랑스의 한 정치가는 프랭클린에 대해서 아래와 같은 말을 남겼어.

"그는 하늘에서 번개를 훔쳤고, 군주에게서 권위를 빼앗았다."

일련의 성과들로 인해 비록 가방끈은 짧지만, 누구보다 열정적으로 탐구해온 프랭클린은 예일대학교, 옥스퍼드대학교 등에서 박사학위를 받게 되었어.

"아버지! 사람들이 저를 박사라고 부르고 영국왕립학술원의 명예 회원이 되었습니다!"

그는 40대 후반에 정치에 입문하여, 아메리카 식민지 대표 자격으로 영국에 도착했어. 그런데 영국은 그를 위대한 과학자로서 열렬히 환영했다고 해.

"내가 이렇게 유명 인사였나?"

이후 그는 15년이나 영국에 체류하면서 영국이 아메리카 식민지에 부과한 인지세법 철폐에도 공헌하는 등 활발한 정치활동을 이어나갔어.

보스턴 차 사건이 터지자 프랭클린은 미국의 독립을 위해 고령임에도 고국으로 돌아왔어. 그는 토머스 제퍼슨Thomas Jefferson 등과 함께 독립선언서 작성에 참여한 5인 중 한 명이며, 미국헌법에도 서명하며 조지 워싱턴에 버금가는 인기와 명성을 얻었다고 해.

1790년, 그의 장례식에는 2만 명이 넘는 사람들이 모였고, 사람들은 그를 '최초의 미국인'이라고 칭송했어.

프랭클린은 맨손에서 시작해 부자가 되었고, 막대한 부를 가졌지만 검소했으며, 정규 교육을 제대로 받지 못했지만, 평생에 걸쳐 학구열을 불태운 남자야.

레오나르도 다빈치와 스티브 잡스Steve Jobs의 전기작가이자 2012년 타임지 선정 세계에서 가장 영향력 있는 100인 중 한 명인 월터 아이작슨Walter Isaacson은 벤저민 프랭클린에 대해서 다음과 같이 이야기했어.

그는 84년 동안 미국 최고의 과학자, 발명가, 외교관, 저술가로 활동했으며 가장 실용적인 정치 사상가 중 한 명이다. 연날리기를 통해 번개가 전기라는 사실을 증명했다. 멕시코 만류 도표, 감기의 전염성에 대한 이론을 만들었고, 대출 도서관, 의용 소방대 보험 협회 등의 프로그램도 만들었다. 이 외에도 외교 정치 분야에서 다양한 기획안을 구상하고 개발했다. 그러나 프랭클린이 발명한 것 중에서 가장 흥미롭고 끊임없이 재창조된 것은 바로 그 자신이다.

제 4 부

은밀하게, 위대하게:
비밀리에 진행된 음모들

16

킹메이커,
권력을 넘보다
_ 진나라의 대부호, 여불위의 최후

장사꾼 여불위의 술수

춘추시대를 지나 전국시대도 막바지로 치닫고 있을 때, 전국칠
웅을 안방 드나들 듯하며 막대한 부를 쌓은 여불위呂不韋라는 대부
호에 대해 알아볼까해.

요즘으로 치면 할 일이 너무 많아 세계로 뻗어 나가던 무역상과
로비리스트쯤 되겠어. 돈이 많아지면 권력에 대한 갈증이 자연스
레 솟아나는 걸까? 필자는 아직 물질에 대한 욕망도 채우지 못했
는데 말이야.

여불위는 재벌 그 이상을 꿈꾸며 각 나라에 뻗쳐 있던 자신의

자회사를 통해 축적한 빅데이터로 미래를 예측하기 시작했어.

'전국시대도 이제 저물어 가고 있다. 결국은 진나라에 의해 통일될 것이다. 나머지 나라의 사업들은 다 철수시키고 진나라에 집중시킬 준비는 하고 있다만……. 언제까지 장사치로 살아야 하나. 진나라가 대륙을 통일하면 재벌 그 이상의 자리를…… 흠.'

여불위는 자신의 결정에 확신을 얻기 위해 왕 회장, 즉 자신의 아버지를 찾아갔어.

"아버님, 황무지를 개간하여 농사를 지으면 이윤이 얼마나 날까요?"

"100퍼센트 정도 되겠지. 아범아! 벌써 귀농하려고 그러냐?"

"그럼, 다이아몬드 같은 보석 선물에 투자하면요?"

"대략 1,000퍼센트 되겠구나. 넌 그 정도 수익이 나는 사업체를 이미 각 국에 몇 개씩 가지고 있지 않으냐? 빨리 본론을 말하거라."

잠시 주위를 살피던 여불위는 목소리를 낮추고 단도직입적으로 물었어.

"아버님, 전 킹메이커가 되고 싶습니다."

"역시 내 아들답구나. 사업을 하려면 그 정도는 해야지. 그 아이템의 수익률은 참으로 짭짤하겠구나."

'기화가거奇貨可居(진기한 물건은 사둘 만한 가치가 있다)'라는 사자성어는 이 부자의 대화에서 비롯되었어.

"그래. 투자 대상은 찾았느냐?"

"조나라에 인질로 잡혀 있는 진나라의 공자 자초에게 투자를 하려고 합니다."

이 당시 진나라는 연로한 왕의 후계자로 안국군安國君이 후계자로 정해져 있었어. 안국군의 배 다른 스무 명의 아들 중 한 명이 바로 자초子楚였어. 그런데 자초는 생모인 하희夏姬가 안국군의 관심 밖에서 멀어지자 그만 조나라에 인질로 잡혀가고 말았어. 전국 시대에는 각 나라가 서로 인질을 교환함으로써 폭탄 돌려막기를 하고 있었어.

자초의 아버지인 안국군은 이미 차기 대권 계승자로 정해져 있었으니 여불위가 끼어들 틈이 없었고, 불쌍한 처지에 있는 자초에게 접근하여 그를 차차기 왕으로 만들 계획을 세운 거야.

여불위는 진나라의 잠룡 중 하나인 자초가 인질로 잡혀 있는 조나라의 수도 한단으로 향했어. 전국에 여불위의 영향력이 닿지 않는 곳이 없으니―진나라로부터 점점 잊혀 가고 있는―인질 자초를 만나는 건 어려운 일이 아니었어.

"저는 조그만 사업을 하는 여불위라고 하옵니다. 공자 같은 대단한 분이 이런 궁핍한 생활을 하고 있다니 믿을 수가 없습니다. 그리고 더 심각한 문제가 있습니다. 공자의 고국인 진나라가 공자께서 인질로 잡혀 있는 여기 조나라를 곧 침공할 계획이라고 하옵니다. 그렇게 되면……."

"나 보고 그냥 죽으라는 이야기군요. 내 이미 각오하고 있었소이다. 아버지 안국군께서는 스무 명의 아들이 있으니 나 같은 자식 하나 없어진다고 해도 크게 개의치 않으실 게요. 답도 없는 걱정으로 마음 심란하게 하지 말고 유흥비나 좀 내놓고 물러가시오."

"오랜 인질 생활에 많이 약해지셨군요. 공은 반드시 훗날 왕이 되실 겁니다. 자질이 충분하십니다. 약간의 재정적 지원만 받으면 가능한 일입니다. 저만 믿고 따라주신다면 진나라를 반드시 공의 두 손에 올려 드리겠나이다."

"당신이 나의 돈줄이 되어주어 내가 진나라의 왕이 된다면, 진나라의 절반은 당신 것이라고 생각해도 무방할 것이오."

다음 날부터 자초는 조나라 수도 한단을 찾는 유명 인사들을 초대하여 화려한 파티를 매일 같이 열기 시작했어. 파티 비용은 당연히 그의 스폰서인 여불위가 대고 말이야. 여불위는 또한 자초에게 과외 선생들을 붙여 매너와 식견을 넓히는 교육을 병행하는 한편, 돈으로 자초에 대한 좋은 여론까지 형성했어.

"조나라 사교계에 혜성같이 등장한 신성 자초!"

"뛰어난 매너와 후한 인심으로 전국구 스타로 발돋움하다."

여불위는 다음 코스로 진나라의 차기 대권 주자인 안국군安國君의 절대적 사랑을 받는 화양부인을 만나기 위해 진나라 곳곳에 돈을 뿌렸어. 그리고 화양부인의 아킬레스건인 안국군과의 사이에 자식이 없다는 점을 이용하기로 했어.

"인사 올리옵니다. 저는 그저 작은 사업체를 몇 군데 운영하는 여불위라고 하옵니다. 단도직입적으로 말씀 올리겠습니다. 조나라에 인질로 잡혀 있는 자초라는 아드님에 대한 일이옵니다."

"내 배로 낳은 자식도 아닌데, 굳이 그 아이 이야기를 하려는 연유가 무엇일까요? 나를 만나기 위해 쓴 돈이 만만치 않을 터인데."

"제가 무식한 장사치라 아픈 곳을 몇 군데 좀 찔러도 용서하옵소서. 지금 부인이 안국군의 총애를 받는 이유는 미모 때문이옵니다. 허나 모든 꽃은 세월이 지나면 지기 마련이옵니다. 노후대책이 있으신지요? 안국군의 자식 중 후계자가 될 만한 자를 양자로 받아들이셔서 든든한 연금 보험을 들어놓으실 것을 강력히 추천해드리는 바입니다."

"좋소이다. 나의 노후를 당신이 잘 설계해주세요."

이렇게 여불위는 연금 보험이 필요한 화양부인과 왕 아니면 죽음뿐인 극단적인 상황에 놓인 자초를 포섭하여 장기 프로젝트 1단계를 완성했어.

대를 위해 소를 포기하다

화양부인의 확답까지 듣고 조나라로 다시 돌아온 여불위는 자신의 집에 자초를 초대했어. 그런데 자초가 여불위 집에 있던 미녀 조희趙姬를 발견하고, 눈이 완전히 뒤집힌 거야.

"이보게 여불위! 저 여인의 이름이 조희라고 했던가? 참으로 아름답네 그려. 저 여인과 한집에서 지낼 수 있다면, 우리 프로젝트를 위해서 내가 더욱 정진할 수 있을 터인데 말이야. 참으로 아쉽구면."

여불위는 대를 위해 소를 포기할 줄 아는 진정한 장사꾼이었어.

"공자께서 그리 원하신다면 어려운 일도 아니지요. 다만 저도 몹시 아끼는 아이인지라 첩이 아닌 본처로 앉히신다면 제가 기꺼이."

미녀 조희가 자초의 집으로 떠나기 전, 여불위에게 마지막 인사를 하기 위해 들렀어.

"이 일을 어쩐단 말입니까? 저는 나리의 아이를 임신한 상태입니다."

"그래? 오히려 일이 참으로 재미있게 됐구나. 가만 있어 보거라. 도랑 치고 가재까지 잡을 수 있겠다. 그런 슬픈 표정 짓지 말아라! 대의를 위해서 일단은 너를 보낸다만, 우리는 반드시 다시 만날 것이다."

이날 이후 자초의 정실부인이 된 조희는 얼마 후 아들 정政을 출산했어. 이 아이가 바로 훗날 진시황제로 불리게 되었지!

6년 후.

"나리! 드디어 내일 안국군이 진나라의 새 왕으로 취임한다고 합니다. 또한 화양부인이 그동안 안국군을 잘 구워삶아 자초가 태자로 임명되었다는 첩보입니다."

"됐다. 이제 안국군이 죽을 날만 기다리면 우리의 장기 프로젝트가 완성되겠구나. 자초의 건강은 우리의 전담 메디컬팀이 잘 챙기고 있겠지?"

훗날 효문왕이라는 시호를 받은 안국군은 즉위 1년 만에 사망하고, 드디어 여불위의 장기 프로젝트 투자 대상인 자초가 진나라의 장양왕으로 등극하게 되었어.

"나 장양왕은 의리와 신의를 지키는 남자다. 오늘의 나를 만들어준 많은 사람 중 1등 공신은 누가 뭐라 해도 여불위다. 그를 국무총리에 임명함은 물론이요, 낙양의 10만 호를 하사하는 바이다."

그런데 진나라 황실에 무슨 액운이 낀 걸까? 아니면 혹시 여불위의 보이지 않는 손이 뻗친 것일까? 자초는 타국에서 인질로 살다가 겨우 왕이 되었으나, 다음 부귀영화도 보지 못하고 즉위 3년 만에 사망했어. 이제 그의 뒤를 이어 불과 13세에 불과한 정이 진나라의 새로운 왕으로 등극했어. 여불위는 속으로 쾌재를 불렀지.

'나의 아들이 진나라의 왕이 되었구나! 허나 이 사실은 무덤까지 가지고 가야 한다.'

여불위는 어린 왕을 허수아비로 세워놓고 최고의 권력을 마구 휘둘렀어. 생활 자체가 왕과 다를 바 없었고. 심지어 넘어서는 안 될 선까지 넘고 말았어. 그것은 바로 그의 전 여자친구였지만, 지금은 진왕의 어머니인 조희와 다시 만나기 시작했던 거야.

진시황
여불위와 조희 사이에서 태어났
으나, 전략에 의해 장양왕(자초)
의 뒤를 이어 13세의 어린 나이
에 왕위에 올랐다.

사마천의 《사기》에 진왕의 엄마인 태후에 대한 기록이 아래와
같이 나와 있어.

시황제가 장년이 된 후에도 태후의 음은 그칠 줄 몰랐다.

하지만 진왕이 누구야? 비록 지금은 뽀시래기 왕에 불과하지만,
훗날 진시황제로 불리게 되는 인물이잖아. 그는 싹수가 달랐어.
어느 날, 진왕이 여불위를 조용히 불러서 이렇게 물었어.
"요즘 후궁에 희귀한 소문이 돌고 있는데 들어보셨습니까?"
"네? 궁이야 원래 소문이 많은 곳입니다만, 후궁 쪽은 여인들이

사는 곳이라 제가 잘 모르겠습니다. 표정이 평소와 아주 다르십니다. 무슨 일이신지?"

"선수끼리 왜 이러십니까? 앞으로는 그쪽으로 가지 마세요. 마지막 경고입니다. 나는 사사로운 정에 이끌리는 자리에 있지 않습니다."

'설마…… 출생의 비밀을 포함한 모든 것을 알고 있단 말인가? 하긴 백성들 사이에 소문이 그리 도니 어디선가 들었을지도. 과연 왕의 자리는 아무에게나 허락되는 것이 아니구나. 내 아들이지만 눈빛이 무섭다. 무서워. 이제 장난감은 버려야겠다.'

"오:…… 오해가 있으셨습니다. 앞으로는 오해도 사지 않도록 더욱 몸가짐에 만전을 기하도록 하겠나이다."

여불위는 며칠 후 태후를 찾아갔어.

"오늘이 내가 여기를 찾는 마지막 날이다. 왕께서 눈치를 채신 듯하다. 보통 분이 아니시다. 너도 각별히 행동거지를 조심하도록 하거라. 그럼 난 이만 가보마."

"누구의 아들인데요. 어련할까요? 아쉽지만, 저도 이제 공인이다 보니 할 수 없지요. 한데 소문에 듣자 하니, 나리가 데리고 있는 사내 중에 노애嫪毐라는 자가 참으로 흥미롭다고 하던데요. 제게 선물로 주시지요."

'걸려들었구나. 이미 일대에 변강쇠라고 소문이 났으니 모를 턱이 없겠지. 그래. 이걸로 넌 끝이다.'

이렇게 노애라는 자가 환관으로 위장하여 태후의 처소를 자유로이 드나들었어. 시간이 지나자 긴장도 풀어지고, 간이 점점 커진 이들은 남의 시선 따위는 의식하지 않게 되었고, 급기야 태후가 임신하게 되는 지경에 이르고 말았어.

이 와중에 시간은 또 잘도 흘러 진왕 정이 20대의 청년이 된 어느 날이었어.

"더는 두고 볼 수가 없다. 부모가 아니고 원수다. 못난 인간들 같으니라고. 그 가짜 환관 놈은 옷을 다 벗긴 후 효시하도록 하고, 어마마마는……."

"그자는 분부대로 처리하겠사오나, 천하통일을 위해서 불효자 이미지는 최악입니다."

"그놈의 천하통일! 알았다. 어머니는 살려주고, 대신 여불위는 제거해라. 그 인간의 국정 농단은 내가 그동안 지켜볼 만큼 지켜봤다. 부모만 죽이지 않으면 되는 것 아니냐?"

"정말 괜찮으시겠습니까?"

"질문의 의도가 뭐냐? 너도 여불위가 내 생부라는 헛소문을 믿는 것이냐? 나는 진나라의 정통성을 이어받은 자다."

《사기》에 따르면 여불위는 진왕의 친서를 받고 자결했다고 해.

군은 진에 무슨 공이 있어 진이 군을 하남에 봉하고, 10만 호를 녹으로 받아먹게 하는가? 군은 진에 무슨 친이 있다고 중부라 칭하는가?

쉽게 말하면 "당신이 뭔데 나라로부터 막대한 후원을 받는 거요? 나랑 피 한 방울이라도 섞인 거요?"라는 거지. 이렇게 진왕은 여불위와 확실하게 선을 그었어.

여불위도 아들이 이렇게 나오니 더 험한 꼴을 보기 전에 아버지로서 좀더 깨끗한 방법을 선택했던 것이 아닐까?

17

한 끗 차이로
실패한 암살 시도
_진시황 암살 프로젝트

성공하지 못한 암살 프로젝트

혼란의 춘추전국시대를 정리하고 현대의 중국까지 영향을 미치는 틀을 마련한 진시황제는 천하통일 이전에도 이후에도 수많은 암살 시도에 시달렸어. 그중 성공 직전까지 갔던 암살 프로젝트 이야기를 들려줄게.

진왕이 황제에 오르기 전의 인물평이 《사기》에 다음과 같이 기록되어 있어.

진왕(시황제)은 높은 코에 길게 찢어준 눈을 가지고 있다. 또한 매의 가슴과 승냥이의 목소리, 호랑이의 잔인함을 가지고 있다. 나 같이 관직에 있지도 않은 사람에게도—자신에게 필요한 경우—스스로를 내릴 줄 안다. 천하는 모두 그의 포로가 될 것이다. 그와 함께 공존할 수 없다.

진왕이 왕위에 올랐을 때, 진나라는 전국칠웅 중 이미 최강의 전력을 갖추고 있었어. 하지만 막강한 전력에도 진나라에 의한 천하통일이 기정사실이 될 정도의 전력 차이는 아니었어. 당시 나머지 나라의 백성들은 진나라에게 무릎을 꿇느니 강물에 몸을 던지는 게 낫다고 할 정도로 반진 감정이 극에 달했어.

하지만 대세를 거를 수는 없었고, 나머지 여섯 개 나라가 하나씩 진나라 앞에 무릎을 꿇고 있을 때, 진나라 진왕의 암살 프로젝트가 있었으니!

진왕이 통치하고 있던 진나라에는 연나라의 태자 단丹이 인질로 체류하고 있었어. 바로 이자가 진왕 암살 프로젝트의 설계자야. 그런데 연나라의 태자 단과 진왕은 유년 시절에 조나라에서 인질로 있으면서 어려운 시기를 함께 보냈어. 하지만 두 사람은 그 시절을 서로 다르게 간직했어. 진왕은 잊고 싶은 경험이었고, 태자 단은 어린 시절의 추억이었어.

그래서 연나라 태자 단은 성인이 되어서 왕과 인질로 재회하게 되었을 때도 그때의 기억을 떠올리며 진왕을 대했어. 하지만 진왕은 자신의 흑역사를 굳이 떠올리고 싶지 않았어.

"아이고! 브로! 우리가 이렇게 다시 만날 줄 몰랐어. 코흘리개 시절에 콩 한 쪽도 나눠 먹으며 인질 생활을 견던 보람이 있구먼. 자네 왕이 되더니 아주 멋있어졌어! 카메라 마사지 받은 사람처럼 말이야. 좀 피곤해도 왕 할 만하지?"

진왕이 찢어진 눈을 치켜세우자 진나라의 대신들이 태자 단에게 왕에 대한 예우를 갖출 것을 요구했어.

"이런 무엄한 것들을 보았나? 나와 너희 왕은 어린 시절 생사고락을 함께한 사이다. 내 지금은 비록 전략적 인질로 이렇게 너희 진나라에 매인 몸이지만, 너희 왕과 나는 보통 사이가 아니다. 안 그런가? 정!"

하지만 연나라의 태자 단이 어린 시절 알던 진왕의 순수한 눈빛은 사라진 지 오래야. 매의 눈으로 그를 바라보던 진왕은 냉정히 돌아서며 한마디를 던질 뿐이었어.

"개나 소나 과거의 작은 인연을 들이미는데 가소롭기 그지없구나. 내 어린 시절의 정을 생각하여 너를 오늘은 특별히 용서해주겠다. 인질이면 인질답게 조용히 쭈그러져 있어라."

태자 단은 진왕의 달라진 태도에 엄청난 충격을 받았고, 그를 절대 용서할 수 없었어.

"넌 나에게 모욕감을 줬어……."

하지만 현실은 진왕에게 인질로 잡혀 있는 신세일 뿐이었지.

태자 단의 마지막 선택

이 일이 있고 난 뒤, 태자 단의 모국인 연나라에서 인질의 교체를 요구해왔지만, 진왕이 이를 거절함으로써 둘의 사이는 돌이킬 수 없게 되었어.

사실 둘의 지위가 비슷해야 한쪽이 손을 내밀거나 화해를 하는데 이 둘은 그냥 태자 단이 죽을 날만 기다리게 된 상황이었어. 자존심 싸움 이전에 태자 단은 목숨을 걱정할 처지였어.

이때 태자 단의 집에 연기처럼 스며드는 한 사람이 있었으니. 그는 다름 아닌 해외망명을 전문적으로 주선하는 브로커였어.

"태자님! 지금이 진나라를 탈출할 절호의 기회입니다. 이대로 앉아서 어린 시절 친구에게 목을 내놓을 작정은 아니시지요?"

"항상 이곳 진나라를 탈출할 기회만 노리고 있소. 그런데 지금은 번어기 장군 수배령이 내려져서 온 나라에 데프콘 1 발령 상태인데 지금이 기회라니요?"

"태자님께서는 뉴스의 이면을 못 보시는군요. 지금 진나라의 전 병력이 오직 번어기 장군 검거령에 초점이 맞춰 있기 때문에, 다른 블랙리스트 대상자에 대해서는 감시가 소홀해진 상태라 이 말씀입니다."

진나라의 장군 번어기는 한때 잘나가던 장군이었어. 하지만 지금은 진왕의 눈 밖에 나면서 그의 가족은 이미 모두 처형되었고, 자신은 해외로 망명하기 위해 모처에서 몸을 숨기고 있었어.

'그래. 여기서 더 머물다가는 태자의 자리도 다른 형제에게 넘어갈 상황이다. 내가 탈출만 하면 진왕 네놈을 반드시!'

연나라 태자 단은 이 브로커에게 모든 걸 맡겼고, 진나라가 번어기 장군 검거에 혈안이 된 틈을 타 무사히 탈출에 성공할 수 있었어.

한편 적국의 인질, 그것도 태자 단이 연기처럼 사라지자 진왕은 대노하였고, 전군을 비롯한 검경의 고위관리들까지 오금을 저렸어.

"지금 진행 중인 모든 작전을 중지하고 연나라 태자 단의 검거에 초점을 맞춰라! 실패할 시에는 보직해임이 아니라 생매장당할 수도 있다."

이렇게 온 나라가 태자 단의 검거에 열을 올리고 있을 때, 태자 단을 탈출시킨 망명 전문 브로커는 이번에는 안가에 숨겨둔 번어기 장군을 찾아갔어.

"장군님. 태자 단 다음은 장군님 차례라고 말씀드렸죠? 저만 믿으시면 됩니다."

수완 좋은 이 브로커는 이렇게 자신의 고객을 차례차례 연나라로 무사히 탈출시켰어.

하지만 연나라에서는 번어기 장군의 망명을 달가워하지 않았어. 다른 나라로 보내버리든지 진나라로 돌려보내야 한다는 신하들의 상소가 끊이질 않았어. 그럴 때마다 태자 단이 적극적으로 반대를 표하며 나섰어.

"아뇨, 저 양반. 같은 브로커를 두고 있어서 그러는 건가? 지금 사사로운 감정에 휘둘릴 때가 아닌데 말이지. 지금 대세는 진나라 인데, 진왕이 눈에 불을 켜고 찾고 있는 번어기 같은 장군을 품고 가자는 건 자살행위나 마찬가지라고!"

"그러게 말일세. 진왕에 대한 개인적인 감정 때문에 더 그러는 것 같은데, 찌라시에 의하면 궤책이 있다고도 하던데 말이야."

태자 단이 가지고 있던 궤책이 바로 진왕 암살 계획이었어. 그는 1단계로 태자의 개인교사인 태부에게 협객 전광田光 선생을 추천 받았어.

"하늘 아래 태양이 둘일 수는 없겠지요?"

"하오나, 하나의 태양은 진으로 기울고 있습니다. 대세를 거르기 가 쉽지 않을 것입니다."

"정상적인 방법으로는 불가능하다는 것을 알고 있소. 허 나……."

"알겠습니다. 소인은 이미 너무 늙었으나, 적당한 인물을 알고 있 습니다."

"흠. 전광 선생! 이 일은 기밀 유지가 최우선이요. 내 말뜻 을……."

전광 선생은 지체 없이 자객 형가荊軻를 찾아가서 태자 단의 궤 책을 전달했어.

"선생께서 결국 저를 추천하셨군요. 감사합니다."

"이 작전은 성공한다고 해도, 살아 돌아올 수 없다는 것은 알고 계시지요?"

"진왕을 베고서 살아오기를 바란다면 이미 실패한 작전입니다."

"그리고 이 작전의 성공 확률을 조금이라도 높이는 것은 철저한 기밀 유지입니다. 저는 제 칼로 자결하오니, 부디 꼭 성공해서 저승에서 축배를 듭시다."

전광은 한 치의 망설임도 없이 자결했고, 절친이 죽음으로써 전의를 다지니 자객 형가도 마음을 더욱 굳게 다지게 되었어.

기원전 228년, 자객 형가와 연나라 태자 단이 드디어 만났어.

"이미 2년 전 한나라까지 진나라에 의해 무너졌소이다. 이제 진왕의 칼은 우리 연나라를 향하고 있소."

"진왕을 찌르기 위해서는 먼저 그를 만나야 합니다. 그를 만나기 위해서는 두 가지가 필요합니다. 첫째, 독항의 지도입니다."

이 당시 특정 지역의 지도를 바친다는 것은 그 땅 자체를 바친다는 것을 의미했어.

"문제없소. 진왕만 잡을 수 있다면야. 다음은 무엇이오?"

"태자님과 같은 브로커를 두고 진나라에서 탈출한 번어기 장군의 목을 가져가야 할 것입니다."

"무슨 소리요? 진왕을 피해 우리나라로 망명한 인재의 목을 진왕에게 바친다니. 그럴 수는 없소."

"그럼 이번 프로젝트는 시작할 수가 없습니다. 진왕이 완전히 속아 넘어갈 만한! 그자의 판단력을 흐리게 할 정도의 선물은 번어기 장군의 목뿐입니다. 진왕은 아직도 번어기 장군 이야기만 나오면 노발대발한다고 하옵니다. 대안이 없습니다. 허락해주십시오. 번어기 장군에게는 제가 찾아가겠습니다."

그 밤이 지나기 전 형가는 번어기 장군을 찾아갔고, 자초지종을 채 설명하기도 전에 번어기 장군이 말을 꺼냈어.

"내가 왜 진작에 그 생각을 못 했는지 부끄럽구려. 진왕을 만날 수 있는 최고의 미끼는 바로 내 머리인데 말이요. 허허허. 이제야 나 때문에 먼저 떠난 가족들을 저승에서 마음 편히 만날 수 있겠소이다. 반드시 성공해야만 하오."

번어기 장군은 주저 없이 스스로 자신의 목을 베었고, 이로 인해서 진왕을 만나기도 전에 전광 선생과 번어기 장군까지 목숨을 바치게 되었어.

얼마 후, 번어기 장군의 목과 지도를 든 선물함을 들고, 눈물의 출정식이 열렸어. 이 프로젝트의 설계자 태자 단과 극소수의 인원만이 소복을 입고 도열한 가운데, 형가가 애절한 목소리로 〈역수가〉를 불렀어.

바람은 소소하고 역수는 차다.
장사 한 번 가면 다시 돌아오지 못하리.

다시는 돌아오지 못할 고대 중국 최고의 자객 형가를 떠나보내며, 태자 단도 울음을 참을 수가 없었어.

이들을 뒤로 하고, 떠나는 형가는 자신의 조수로 태자 단이 붙여준 진무양을 바라보며 불길한 예감을 떨칠 수가 없었어.

"나리. 저를 힘만 센 무식한 놈으로 오판하지 마십시오. 저는 열 살이 되기도 전에 사람을 죽여본 놈입니다. 전 타고난 킬러입니다요. 진왕의 목은 반드시 제가 따겠으니 나리는 그저 로비나 잘해 주십시오."

'이자는 내가 찾던 자가 아니다. 이자는 그저 포악한 장사치일 뿐이다. 암살에는 담대함이 더 중요한 것을. 이자는 담대함이 결여되어 있는 분노 조절 장애인일 뿐이로구나.'

형가, 진왕에게 역으로 공격당하다

진나라에 도착한 후 형가는 로비 자금을 적절히 활용하여, 마침내 함양궁에서 진왕을 만나게 되었어. 형가는 오랜 수련과 이미지 트레이닝을 통해 함양궁에 들어선 후에도 마음에 작은 흔들림조차 없었어. 하지만 그의 조수, 아니 분노 조절 장애인은 궁에 들어서자마자—마치 암살하려다 걸린 사람처럼—온몸을 사시나무처럼 떨고 있었어.

이를 수상히 여긴 진왕의 경호 팀에서 그의 몸을 수색하기 시작했어.

"어이! 촌뜨기? 왜 이렇게 떨어? 대 진나라의 왕을 알현하려니 떨리는 건 이해하지만 이건 너무 지나치게 떠는데? 꼭 왕을 암살할 계획이라도 가진 사람처럼 말이야. 낄낄낄."

"무엄하도다. 감히 진나라의 대왕에게 바칠 선물을 그대들이 먼저 확인하겠다는 건가? 저자는 나의 몸종인데 워낙 담이 약한 자라 저리 떨고 있다."

형가가 단호하게 경호팀 앞에 나서니 그들도 몸수색을 멈출 수밖에 없었어. 우여곡절 끝에 드디어 형가는 진왕 앞에 다다르게 되었어.

"네놈들이 나에게 바칠 땅이 그려진 지도를 어디 꺼내보아라. 어차피 내가 곧 다 점령하게 될 테지만 말이다."

형가는 두루마리로 싸인 지도를 천천히 펼치기 시작했어. 두루마리의 끝에는 치명적인 독이 입혀져—스치기만 해도—사망에 이르게 되는 명검이 있었어.

두루마리 지도가 펼쳐지기까지 몇 초의 시간이었지만, 형가는 시간의 흐름이 왜곡되는 느낌을 받았어.

'팔만 뻗으면 진왕을 잡을 수 있는 거리다. 두루마리 끝에 비수를 오른손으로 잡음과 동시에 왼손으로 진왕의 옷을 잡고 내 쪽으로 당긴 후……'

형가가 두루마리 끝에 놓인 단검을 오른손에 잡음과 동시에 진

진왕(왼쪽)을 습격하는 형가(오른쪽)
한나라 시기 무덤 벽화에 남겨진 진왕 습격의 순간. 한가운데에 진무양이 있고, 아래에는 상자에 담긴 번어기의 목이 보인다.

왕이 반사적으로 몸을 뒤로 물렸어. 형가도 재빨리 왼손으로 진왕의 옷을 잡았지만, 옷이 찢어지면서 진왕이 뒤로 넘어졌어. 양쪽이 다시 일어난 후에 벌어진 광경은 마치 어린아이들이 큰 기둥을 사이에 두고 술래잡기를 하는 형상이었어.

진왕의 경호병력은 어딜 갔냐고? 진나라의 법률은 너무도 엄격하여 왕이 있는 곳에 그 어떤 누구도 무기를 휴대할 수가 없었어. 또한 최고의 무장 근위병들은 궁 밖에서 대기 중이었고, 왕의 명령 없이는 한 발짝도 움직일 수가 없었어.

이 넓은 공간에서 단검을 가진 최고의 자객과 장검을 가진 진왕만이 문제를 해결할 수가 있었어. 진왕은 생각지도 못한 암살 시도에 당황한 나머지 허리에 차고 있던 긴 칼을 빼지도 못하고, 형가의 공격을 피하고만 있었어. 일촉즉발 위기의 순간에 신하 하나가 손에 잡히는 대로 물건을 형가에게 집어던졌고, 이게 명중되며 진왕에게 찰나의 시간을 벌어줬어.

이 틈을 이용해 진왕은 장검을 힘겹게 뽑아 들고 형가를 공격하기 시작했어. 최고의 자객이 가진 맹독이 덧칠된 단검도 진왕의 장검과 승부가 되지를 않았어. 형가는 진왕의 장검에 치명상을 입고 쓰러지고 말았어. 형가의 조수는 바닥에 엎드린 채 일어나지도 못하고 있었어.

진왕이 쓰러져 있는 형가에게 다가가 물었어.

"지도가 펼쳐졌을 때 충분히 나를 찌를 수 있었는데 왜 그리하지 않았느냐? 여기까지 온 너를 망설이게 한 것이 무엇이냐?"

"너를 인질로 잡아 빼앗긴 우리의 강토를 되찾으려고 했다. 하지만 그것이 패착이었다. 그대로 너를 찔러야 했는데. 이제 아무 미련이 없다. 어서 베어라."

"모르는 소리! 진짜 패착이 무엇인지 아느냐? 아무리 천하가 어지럽다고 해도, 이따위 테러로 대세를 바꿀 수 있다고 생각한 것! 바로 암살 프로젝트 자체가 패착이었다. 어리석은 놈들. 어차피 천하는 나의 손에 의해서 통일될 것이다."

진왕은 이렇게 암살 고비를 넘기고, 500여 년간 이어지던 춘추

전국시대를 그의 손으로 마무리했어. 천하를 통일한 후, 진시황제라는 이름도 스스로 하사했지.

이상 진왕이 진시황제라 불리기 이전의 암살에 대한 이야기야. 물론 황제가 된 이후에도 그를 죽이려는 암살 시도는 당연히 있었겠지?

18

하루 차이로 실패한
화약 음모 사건
_가이 포크스와 영국왕 암살 사건

제임스 1세의 즉위와 음모

1603년 스코틀랜드의 왕인 제임스James 1세가 영국의 국왕 자리까지 차지하자 가톨릭 진영에서는 난리가 났어. 왜냐고? 제임스 1세가 개신교 신자였기 때문이야. 오늘날 우리는 불교 신자가 대통령이 되었다고 기독교 신자들이 생명의 위협을 느끼진 않는 시대에 살고 있지만, 1603년의 영국은 상황이 완전히 달랐어.

제임스 1세는 복잡하게 얽힌 대내외 정치 문제와 자신의 왕권 강화를 위해 가톨릭 진영에 강력한 탄압정책을 시행할 것이 명약관화한 일이었어.

'내가 스코틀랜드 왕 출신이기 때문에 나를 무시하는 가톨릭 네놈들의 속셈을 모를 줄 아느냐? 이 몸이 그리 녹록한 사람이 아니란 걸 제대로 보여주마. 마침 우리 영국이 가톨릭을 지지하는 에스파냐와 전쟁 중이니, 네놈들을 족치기에 이만한 명분이 없지. 적국의 종교는 탄압받아 마땅하다. 으흐흐.'

제임스 1세는 재임 1년 후, 에스파냐와의 전쟁을 마치자, 다가올 1605년에 첫 의회를 개원한다고 선포했어.

영국 내 가톨릭 진영에서도 예상은 하고 있었지만, 대비책을 마련해놓은 상황은 아니었어.

"내 우물쭈물하다가 이럴 줄 알았습니다. 이런 날이 올 거라는 것은 충분히 예상 가능한 시나리오였는데 지금까지 대비책 하나 마련하지 못하고…… 에이."

"내년에 첫 의회가 개원되면 제임스 1세가 가장 먼저 우리 가톨릭의 탄압을 천명할 것입니다. 가톨릭이 국교인 에스파냐와 전쟁을 하느라 마침 국민들의 정서도 우리에게 불리한데 이것 참 큰일입니다. 무슨 좋은 방법이 없을까요?"

가톨릭 진영 내에서 대안 없는 갑론을박이 오가고 있을 때, 로버트 케이츠비Robert Catesby라는 자가 무시무시한 음모를 설계하고 있었어. 오늘날까지도 일명 '화약 음모 사건'이라고 회자하는 것인데, 웨스트민스터궁 지하에 폭약을 설치하여 궁 전체를 날려버리려는 설계였어.

웨스트민스터궁은 영국 왕 제임스 1세가 1605년에 취임 후 첫 의회를 열기로 한 장소야. 이날은 왕은 물론 온 나라의 의원들이 한 자리에 모이기로 되어 있었어. 한마디로 대통령이 국회 연설을 하기로 한 날, 국회의사당 전체를 날려버리겠다는 계획을 설계한 거야.

'가톨릭을 탄압할 것이 뻔한 왕과 그 족속들을 그대로 살려 둘 순 없지. 이것이 영국에서 가톨릭을 지킬 수 있는 유일한 방법이다. 겁쟁이들이 책상 앞에서 노닥거리며 대책 회의를 하는 동안 난 이 한 몸 바쳐 가톨릭을 지킬 것이다.'

가톨릭 내 급진 행동파인 케이츠비의 설계에서 시작된 영국 국왕 및 의회 몰살 계획은 마치 미국드라마 〈왕좌의 게임〉의 서세이가 반대파가 모인 성 지하에 폭탄을 설치한 후, 한 방에 날려 버린 장면을 떠올리게 해.

자, 그럼 설계에 가담한 주요 인물에 대한 브리핑을 시작할게.

주요 설계자 리스트

- 로버트 케이츠비: 화약 음모 사건의 최초 설계자.

- 토머스 윈터Thomas Winter: 화약 전문가인 가이 포크스를 섭외하는 역할.

- 가이 포크스Guy Fawkes: 이번 미션의 실무 및 온갖 잡일을 도맡음.

- 토머스 퍼시Thomas Persy: 왕실 근위병이자 작전 수행을 위한 안가 마련을 위한 복덕방 업무 담당.

케이츠비는 먼저 자신의 계획을 윈터와 상의했고, 윈터는 여행사를 거치지 않고 자유여행으로 즉시 네덜란드로 향했어.

"제가 군사 지식도 풍부하고 무엇보다 화약 하나는 기가 막히게 다루는 전문가를 알고 있습니다. 지금 그자는 네덜란드에 체류 중인데 제가 가서, 이번 작전의 취지를 잘 설명하면 우리 팀에 합류할 거라고 확신합니다. 그 누구보다 신실한 가톨릭 신자니까요. 한데 왕과 의원들을 모두 날려 보낸 후에는 어떤 계획을 세우고 계신지요?"

"정권이 바뀐다고 금방 가톨릭의 세상이 오겠소? 정권의 바탕이 되는 민심을 얻어야지요. 말을 타고 전국을 돌며 토크 콘서트 형식을 빌려 우리의 행동에 대한 정당성을 설파하고, 가톨릭 신자들의 봉기를 끌어내야지요."

설계가 완성된 후 계획까지 마련하고, 네덜란드에서 가이 포크스까지 합류하게 되었어.

미션 완수를 위한 정예 멤버가 모이자 이들은 클레멘트 법학 기숙사 근처의 오두막에 모여서 도원결의를 맺었어. 이 맹세를 더욱 굳건히 다지기 위해 예수회의 신부에게 성찬까지 받았다고 해. 이렇게 그들은 성전을 위한 첫발을 무사히 떼었어.

"토머스 퍼시! 자네는 왕실 근위병이니 웨스트민스터궁 주위를 다녀도 아무도 의심하지 않을 거야. 그러니 자네가 궁과 가까운 가정집 하나를 장기 렌트하게."

"집…… 집을 렌트해서 뭐 하시게요? 아하! 우리 아지트 같은 거군요."

"아지트긴 아지트인데, 더 놀라운 일을 할 걸세. 그 집에서부터 땅굴을 파서 궁의 아래쪽까지 갈 걸세. 그리고 궁 아래 화약을 설치하여 의회가 열리는 날. 쾅!"

"오! 기발합니다."

"아, 그리고 화약을 보관할 집도 한 채 더 렌트해주게. 그리고 두 집의 열쇠 및 화약 관리에 대한 일체의 권한은 가이 포크스 자네에게 일임하겠네."

이들은 1604년 12월부터 땅굴을 파기 시작했어. 그런데 하필 겨울이라 땅도 얼고, 제한된 인원을 가지고 땅굴을 파니 속도가 나지를 않았어. 그렇다고 인력시장에서 인부를 사 올 수도 없는 노릇이었어. 이런 일은 시작이 반이 아니라 비밀유지가 성패를 좌우하는 일이고 소수로 움직이는 것이 최선의 방법이니까 말이야. 몸이 힘드니 화약전문가 가이 포크스가 불만을 터트렸어.

"도저히 못 해먹겠습니다. 아니 두 분은 귀족이라 이런 막노동은 못 한다고 하시고 토머스는 궁 경비 선다고 맨날 빠지고! 저 혼자 땅굴 파느라 육체적으로 탈진하고, 막대한 양의 화약을 챙기느라 정신적으로 지칩니다. 사람을 더 구해주세요. 전 오늘부터 파업입니다, 파업. 거사 치르기 전에 과로사할 판입니다."

막상 일을 시작하고 나니, 인력 보충은 불가피한 일이었어. 땅굴

헨리 브리그(Henry Briggs), 〈발각된 화약 음모와 붙잡힌 가이 포크스〉(The Discovery of the Gunpowder Plot and the Taking of Guy Fawkes), 1823. 꿈자리가 뒤숭숭했던 제임스 1세의 지시로 궁 수색을 하던 치안판사는 궁 지하에서 가이 포크스를 발견했다.

을 파고 옮겨진 화약에 최종적으로 불을 붙일 가이 포크스가 저렇게 나자빠지면, 제대로 시작도 못 할 상황이야. 이때부터 본격적인 인원 충원이 이루어졌으나, 사람이 많아지다 보면 의견충돌은 피할 수 없는 게 세상의 이치 아니겠어?

추가 멤버 중 한 사람인 귀족 프랜시스 트레섬이 거사 날이 다가오자 다른 의견을 내기 시작했어.

"꼭 모두를 몰살시켜야 하겠소? 의회에 참가하는 사람 중에는 우리 가톨릭 신자도 상당수 포함되어 있소. 그들에게는 최소한 귀

띰을 해줘야 하지 않겠소?"

"흠…… 우리도 가슴이 아픕니다. 하지만 대의를 위한 작은 희생은 피할 수 없는 일이오.

그의 의견은 매번 그렇게 무시되었으나!

'이러다 우리 처남까지 죽게 생겼구먼. 그리고 모든 내각을 몰살시켜버리면 국정 공백은 어떻게 메우겠다는 거지? 나라가 큰 혼란에 빠질 수도 있겠어. 대의에는 동의하지만……'

프랜시스 트레섬은 마침내 왕에게 투서를 보내는데!

그래도 조직에 대한 배신에 양심의 가책을 느꼈는지 노스트라다무스의 예언서 같은 모호한 내용으로 투서를 보냈어.

이 시대의 악을 벌하려고 신과 인간이 땅 아래에서 뜻을 모았다. 너희는 끔찍한 화를 겪을 테지만 누구의 소행인지는 끝내 모를 것이다.

이 정도면 다 알려준 건가? 그러나 왕과 대신들은 이 투서에 대해 심드렁한 반응을 보였어.

"무슨 큰 행사만 한다고 하면 꼭 이런 관종들이 나온다니까. 그나마 SNS가 없는 시대이니 망정이지. 이런 허위 협박에 일일이 출동하다 보면 엄청나게 피곤할 뻔했어."

"맞아. 이런 걸 일일이 다 확인할 수도 없는 노릇이고, 왕께서도 크게 신경 쓰지 않는 눈치이시니 우리 치안 팀에게 걸린 데프콘 1

이 곧 해제되겠지."

가이 포크스, 하루 전날 현장에서 발각되다

그러나 제임스 1세는 위험한 불꽃놀이에 희생될 운명이 아니었나 봐. 지난밤 꿈자리가 뒤숭숭했던 그는 치안판사를 급히 불렀어.

"지난밤 꿈에 쥐새끼 한 마리가 궁의 상수원으로 사용되는 곳에서 더러운 분탕질을 얼마나 해대는지. 아 글쎄, 궁 인근 하천이 죄다 녹조라떼로 변했지 뭔가. 기분이 영 좋지 않아. 자네가 궁 주변을 철저히 수색을 좀 해주게."

치안판사는 개신교 신자라면서 꿈자리가 사납다고 궁 수색을 지시한 왕이 마음에 들지 않았지만, 왕명이니 어쩌겠어. 그런데 행운의 여신은 언제나 우리 주위에서 맴돌고 있다는 사실을 증명이라도 하듯 치안판사는 궁 지하에서 대형 쥐, 아니 가이 포크스를 발견했어.

"오 마이 갓! 이게 웬 로또래. 이건 빼도 박도 못 할 현장 검거로구나. 내가 왕의 목숨을 구했어. 이제 내 앞길은 탄탄대로구나. 얼씨구!"

한편, 엄청난 양의 폭탄 앞에서 성냥을 들고 큐 사인만 기다리던 가이 포크스는 너무나 허망하게 현행범으로 체포되고 말았어.

'아니 이것들이 어찌 알고 여기를? 그동안 몸 고생, 마음 고생 다

가이 포크스의 밤을 준비하는 아이들(1950년대)
영국에서는 11월 5일을 '가이 포크스의 밤'으로 지정하고, 가이 포크스를 형상화한
가면이나 인형을 미리 만들어두었다가 11월 5일 밤에 불에 태우거나 불꽃놀이를
하면서 기념했다.

했는데, 결국 이 많은 화약에 불 한 번 못 당겨 보고 내 인생이 이
리 끝나는구나.'

가이 포크스 입장에서 더욱 안타까운 건 의회가 열리는 11월 5
일 하루 전날인 11월 4일 한밤중에 잡혔다는 거야. 관련자들은 대
부분 사형되었고, 왕은 최종 보고서를 본 후 등 뒤에서 한기를 느
꼈어.

"와우! 이놈들이 하루 차이로 잡힌 거였구나. 치안판사를 당장
특진시키고, 내 제삿날이 될 수도 있었던 11월 5일을 국경일로 정
해서 이 날을 영원히 기리도록 하라."

개신교 신자들 입장에서는 왕과 의회를 날려버리려고 한 악당들을 검거한 날이라 신이 났고, 가톨릭 신자들 입장에서는 겉으로는 내색할 수 없지만 다른 의미로 이날을 기렸어.

'아깝다. 단 하루 차이로 저것들을 아주 가루로 만들어버릴 수 있었는데!'

사람들이 가이 포크스를 형상화한 가면이나 인형을 미리 만들어두었다가 11월 5일 밤에 불에 태워버렸는데, 할로윈 데이처럼 영국민들은 아직도 가이 포크스 데이를 기념한다고 해.

그런데 말이야, 역사는 누구의 관점에서 보느냐에 따라 그 해석이 크게 달라지게 되어 있어. 일본은 임진왜란을 도요토미 히데요시가 조선의 도자기에 빠져 일으킨 도자기 전쟁이라고 일컬으며, 그 전쟁의 잔혹함과 조선의 피해를 퇴색시키려고 해. 가이 포크스도 개신교 입장에서는 IS 같은 일개 테러리스트일 뿐이지만, 당시 종교의 자유를 보장받지 못하고 제도권에 의해 억압받던 가톨릭 신자들의 관점에서는 투사로 칭송받을 만한 인물이잖아.

그래서 미국의 만화가 데이비드 로이드David Lloyd는 가이 포크스를 테러리스트로 보지 않았어. 그가 1982년 출간한 책《브이 포 벤데타》에서는 가이 포크스의 가면을 쓴 주인공이 저항의 아이콘으로 등장해. 이 만화를 원작으로 2005년 나탈리 포트먼이 주연으로 나온 동명의 영화가 개봉하여 가이 포크스 가면이 우리에게 더욱 익숙해지게 되었지.

가이 포크스 가면은 이후 2011년 월가 시위 때는 물론이고 위키리크스의 줄리언 어산지Julian Assange도 이 가면을 착용함으로써 오늘날까지 큰 명성을 얻고 있어.

19

스웨덴을 발칵 뒤집은 희대의 미스터리
_올로프 팔메 암살 사건

30년 동안 풀지 못한 미스터리

2016년 2월 1일, 스웨덴 검찰은 30년 넘게 미제 사건으로 남은 올로프 팔메Olof Palme 전 총리 암살 사건에 대한 전면 재수사를 결정했어. 담당 검사는 외무장관까지 역임했던 조직범죄분야 최고의 베테랑 검사 페테르손 검사였어.

그의 출사표를 들어보자고!

"아직도 우리 국민이 가장 사랑하는 정치인으로 기억하는 올로프 팔메 총리 암살을 30년 넘게 해결하지 못하는 것은 우리 검찰의 수치입니다. 좀더 발전된 과학수사를 바탕으로 반드시 범인을 잡아내고야 말겠습니다."

이 소식을 접한 스웨덴 사람들의 반응은 다양했어.

"CIA나 KGB가 개입된 사건일 수도 있는데 30년이 지나서 범인을 잡을 수 있을까?"

"미국이나 소련이 아닐지도 몰라! 대기업이나 극우파의 소행이란 이야기도 있잖아."

"그래도 범인은 반드시 잡긴 해야지. 현재의 스웨덴 복지 시스템을 만든 게 누구인데."

"맞아. 괜히 아직까지 가장 사랑받는 정치인이 아니잖아. 한 점의 의혹이라도 있다면 이번 기회에 밝혀야지."

1969년 43세의 나이로 최연소 총리가 된 후 1982년 재당선될 정도로 능력 있고 대중적으로 인기가 많았던 팔메 총리의 암살 당일을 재구성해보자고.

1986년 2월 28일, 밤 11시가 조금 넘은 시간.

평소 형식적인 절차와 불필요한 요식행위를 끔찍하게 싫어했던 그는 그날도 아내와 함께 스톡홀름 시내 한 극장에서 심야 영화를 본 후—경호원도 없이—인파들과 함께 거리로 나와 걷고 있었어.

이때 검은 외투를 입은 남자가 나타나 총리에게 총격을 가하고 감쪽같이 사라졌어. 팔메 총리는 척추에 치명상을 입고 병원으로 후송되지만, 끝내 숨을 거두고 말았어.

그런데 언론과 여론이 경찰의 초기 대응에 강한 불만과 의문을 제기했어.

"아니 총리가 총에 맞았는데 한 시간이나 지나서 주변 탐문을 시작하고, 공항 폐쇄는 두 시간이 지나서 한다는 게 말이나 되는 거야?"

"이거 어떤 거대한 힘이 검찰, 경찰까지 조종하는 거 아냐?"

"하긴 그동안 우리 총리가 부자들, 힘 있는 놈들에게 미운털이 많이 박히긴 했지."

암살에 배후가 있을지도 모른다는 의심이 있으니, 팔메 총리의 인생 행적을 살펴볼 필요가 있겠지?

스웨덴 사람들은 두 부류로 나뉘는데, 팔메를 열정적으로 지지하거나 증오하는 부류로 나눠진다고 해. 부자들과 기득권은 그를 증오했어. 그들의 입맛에 맞는 정치가 아니라 가난한 약자들을 위한 정치를 했기 때문이야. 혹시 팔메가 찢어지게 가난한 가정에서 태어났기 때문일까? 아니면 태생이 가난했던 자의 권력을 이용한 복수일까?

그는 이웃의 아픔을 함께할 줄 아는 공감 능력이 아주 뛰어난 사람이었어.

팔메는 1927년 1월 30일, 스웨덴 스톡홀름에서 태어났어. 그런데 태어나보니 할아버지가 보험회사 회장이고, 아버지가 임원인 금수저 집안 출신이었지.

하지만 팔메는 미국 유학 생활을 마치고 본격적인 정치 생활을

올로프 팔메 총리(1981년 당시)
1969년 마흔세 살의 최연소 나이로 총리가 된 후 1982년 재당선될 정도로 대중에게 인기가 있었던 올로프 팔메는 1986년 의문의 총격으로 사망했다.

시작하면서부터 친서민 정책과 사회정의를 위한 정책을 펼쳤어. 금수저인데도 그의 인생관에 결정적인 영향을 미친 일은 미국 유학 생활 동안 했던 여행이었어. 청년 팔메는 히치하이킹을 하면서 미국 전역을 배낭 하나 둘러메고 돌면서 서민들의 아픔과 고통을 두 눈으로 직접 보게 되었던 거야. 참으로 선한 여행의 본보기였지. 그는 자본주의와 민주주의가 가장 발달한 나라에서 빈부격차로 인해 생기는 수많은 사회 문제들에 대해서 깊이 있는 생각을 하게 되었어.

고국으로 돌아와 정치에 대한 뜻을 품고 교육부 장관에 올라선 후에는 공부를 하고 싶어 하는 모든 사람에게―작은 등록금으로―균등한 기회를 제공해주는 정책을 폈어.

복지의 천국 스웨덴에서 당연한 이야기 아니냐고? 팔메가 교육부 장관이 되기 전 스웨덴은 극소수 부자의 자녀만이 대학을 다닐 수 있었다고 해. 교육부 장관 팔메가 교육기회의 독점을 공정거래로 전환시켰어.

통신부 장관 시절에는 TV와 라디오 신문 광고주들의 영향력을 피해 언론이 중심을 잡을 수 있는 정책을 폈다고 해. 자본에 지배받지 않는 언론의 역할이 얼마나 중요한 시대인지 절감하는 시대에 우리는 살고 있기에 그의 용기와 사상에 박수를 보내는 바야.

장관 시절이 이정도인데 총리가 되니 신이 났겠지? 부자들은 한숨이 나왔겠지만 말이야. 그는 총리가 되고 난 후, 대학교까지 무상교육을 시행하고, 부자들에 대한 세금에 누진세를 적용했어. 또한 서민들을 위한 복지예산을 증진하고, 가난한 자들을 위한 의료보험 확대를 전면적으로 실시했어. 이러니 부자들이 좋아했겠어?

솔직히 그들이 나라를 걱정했겠어? 자신들의 차고 넘치는 돈이 혹시라도 가난한 이웃들에게 누수라도 될까 걱정했겠지. 그들은 지나친 복지 정책은 나라의 근간을 무너트리고, 자본주의 경제 시스템을 위협한다고 팔메 총리를 압박했어.

팔메 총리는 외교방면에서도 아주 뛰어난 지도자였어. 당시 세계 양 대국이었던 미국과 소련에도 쓴소리를 서슴지 않았지. 지금이야 세상이 좋아지고 많은 사람이 정보를 공유할 수 있게 되어 미국의 이라크 침공이 잘못된 일이고, 생화학 무기 같은 건 처음부터 없다는 걸 모두가 알고 있잖아.

베트남 전쟁도 마찬가지였어. 어떤 대의명분도 없이 군산복합체의 이익만을 위한 전쟁이었는데, 감히 미국에 바른말을 하기가 쉽지 않던 시대 상황이었어. 하지만 팔메라는 다윗은 위선으로 중무장한 골리앗 미국에게 (돌)팔메를 날렸어.

"미국 정부는 이 멍청하고 한심한 짓거리를 당장 멈추어야 합니다. 언젠가는 추악한 뒷거래가 반드시 밝혀질 겁니다."

미국 정부는 스웨덴에서 대사관을 철수시켜버리는 등 유치한 방법으로 그에게 정치적 압박을 가했어. 그의 암살에 CIA가 개입되어 있을 것이라는 의혹이 제기되고 있는 이유야. 참고로 암살당한 미국의 존 F. 케네디John F. Kennedy도 베트남 전쟁을 반대했지.

팔메 총리는 미국만 까면 소련이 서운해할까 걱정됐던 걸까? 소련에도 쓴소리를 멈추지 않았어.

"우리 유럽에서는 어떠한 나라도 핵을 가져서는 안 되며 완벽한 비핵화를 이루는 길 만이 우리 인류가 다 같이 살 수 있는 길입니다. 소련은 핵 개발을 당장 멈춰야 합니다."

팔메 총리 사망 한 달 후, 소련에서 비핵화에 대한 세계 정상들의 회담이 예정되어 있었고, 소련의 무분별한 핵확산 조치를 그가 맹렬히 비난했던 거야. 이런 이유로 KGB에서도 그를 주시하고 있었다고 해.

이렇게 약자의 편에 서서 강자에게 올바른 소리만 하니 국내외에서 암살의 위협이 많았겠지? 개인의 행복을 포기하고 위험을 감수하면서, 자신의 소신에 따라 정의의 목소리를 내는 분들이 있었기에, 우리나라도, 스웨덴의 후손들도 지금의 행복을 누리고 있는거야.

진짜 배후는 누구인가

팔메 총리가 암살되고 얼마 후, 당시 담당 형사였던 스티그 에드퀴비스트가 사건의 단서가 될 만한 내용을 발표했어.

"팔메 총리의 암살에 사용된 총은 1983년 스웨덴의 한 마을 우체국 강도 사건 때 사용한 것과 일치합니다. 그 총은 스미스 웨슨제 권총으로 밝혀졌습니다. 범인 색출에 한발 더 나아간 저희는 반드시 범인을 잡아 국민들의 염원에 보답하겠습니다."

사건에 대한 수사가 한창 진행 중일 때, 팔메 총리의 부인도 동종의 전과범 사진을 수없이 확인하는 고된 작업을 하고 있었어. 그 누구보다 범인을 찾고 싶었을 거야. 미치도록 말이야. 하지만 그 과정은 몹시도 고되고 힘든 일이었어.

그렇게 부인도, 담당 형사도 지쳐가던 어느 날이었어.

"이 사람이에요. 분명합니다."

부인이 지목한 사람은 크리스터 페터슨이라는 마약중독과 알코

올중독자인 전과자였어. 그가 긴급 체포되어 법원으로 송치되는 날 수많은 언론사가 크리스터 페터슨 앞에 모여들었어.

"총리를 왜 암살한 겁니까? 단독 범행입니까?"

"……."

"배후가 누구입니까? 이런 일을 혼자 계획할 만한 능력이 안 된다고 생각되는데요? 누구의 사주를 받은 겁니까?"

"……."

스웨덴의 많은 국민이 범인의 엄벌과 함께 배후까지 곧 밝혀질 거라는 기대를 하고 있었어. 하지만 그는 최종적으로 무죄판결을 받고 풀려났어. 법원의 무죄판결 이유는 뭘까?

"크리스터는 현재 정신병을 앓고 있으며 약물복용을 하고 있습니다. 그리고 총리를 암살할 만한 뚜렷한 살해 동기도 없을 뿐더러 총리 부인의 기억 외에는 확실한 증거가 없습니다. 물증, 즉 암살 당시에 사용한 총기를 발견하지 못했기 때문에 그를 풀어줄 수밖에 없습니다."

하지만 크리스터가 풀려난 후, 놀라운 일들이 일어났어. 당시 감옥에 수감 중이던 터키의 쿠르드 반군 지도자 압둘라 오잘란이 입을 열었어.

"스웨덴 팔메 총리의 암살 배후에는 나의 전부인인 캐시레가 있다. 자세한 내용은 밝힐 수 없지만, 이것은 확실하다."

"도대체 이런 말을 하는 이유가 무엇입니까? 더 자세한 내용을 말씀해주세요.

"질문은 받지 않겠다."

이 발표를 시작으로 무려 100명이 넘는 극우단체 인사들이 자신이 암살범이라고 주장하고 나서는 촌극이 벌어졌어. 경찰 당국은 수많은 제보 전화와 자수 전화에 업무가 마비될 정도였어.

"도대체 하루에도 몇 명이 자수하는지. 머리가 다 아플 지경이야."

"이 쓰레기 같은 것들! 팔레 총리 암살범이라는 명성을 얻기 위해 이러는 거지."

"이런 거짓 제보들이 수사에 혼선만 주고 있어."

무심하게 세월이 흐른 2006년의 어느 날, 스웨덴 검찰로 익명의 제보 전화가 걸려왔어.

"여보세요?"

"⋯⋯."

"말씀하세요. 장난 전화면 끊습니다."

"팔메 총리 암살 사건 공사 시효가 이제 5년 남았나? 범인에 대한 실마리는 고사하고 수사 의지는 아직 있긴 한 거요?"

"누구요 당신? 장난 전화면 법의 처벌을 받습니다."

"나 그 정도로 한가한 사람 아냐. 내가 지금 알려주는 호숫가로 당장 가봐. 그리고 천천히 잘 살펴봐. 시간이 좀 걸릴 거야. 온 마음을 다해 수색하면, 총리 암살에 사용한 총을 찾을 수 있을 거야!"

"이 정도 제보로 많은 병력을 움직여 호수를 뒤지기는 어렵습니다. 신원을 밝히세요."

"하기 싫으면 하지 말던가. 아 참, 그 호수에 빠진 총이 아마 그 시골 우체국 강도 사건 총과 같은 라인이라지?"

스웨덴 당국은 결국 그 총을 찾았고, 너무 오랜 시간 물에 잠겨 있어서 어떠한 지문도 발견하지 못했다고 해.

과연 스웨덴의 JFK를 저격한 범인은 누구이고, 그 배후는 누구일까?

공소시효를 무시하고 재수사를 시작한 스웨덴 당국은 2020년 6월, 올로프 팔메 암살범을 검거했다고 발표했어. 반가운 마음에 기사를 찾아봤는데, 이내 실망하고 말았어. 로이터 통신에 따르면 스웨덴 검찰은 범인 발표와 함께 사건을 종결했다고 해.

"용의자는 스티그 엥스트룀Stig Engström입니다. 하지만 이미 2000년도에 사망했기 때문에 기소할 수 없습니다."

스티그 엥스트룀은 올로프 팔메 총리가 1986년 총격을 당했을 때, 그 장면을 목격한 스무 명의 증인 중 한 명이었고, 스칸디아 보험회사에서 그래픽 디자이너로 일했다고 해.

이 사건은 범인이 잡힌 것도, 안 잡힌 것도 아닌 상태로 종결되었지만, 역사의 큰 흐름이 언젠가는 진실을 밝혀줄 거라고 믿어!

20

베트남 전쟁을 일으킨
미국의 진실

_통킹만 사건과 〈펜타곤 페이퍼〉

베트남을 둘러싼 비극의 시작

베트남은 위쪽으로는 중국, 왼쪽으로는 라오스, 태국, 캄보디아와 국경을 맞대고 있어. 지정학적 위치상으로도 베트남에는 순탄치 않은 역사가 있음을 짐작할 수 있어.

한국인이 많이 찾는 관광지인 다낭의 바나 힐은 프랑스 식민지 역사의 흔적이야. 프랑스는 1883년부터 베트남에 빨대를 꽂고 그들의 고혈을 빨아먹었어. 그러다 제2차 세계대전 중 독일에 공격당하며 베트남에 대한 지배력이 약해졌지.

베트남 국민들은 기대에 부풀었어. 프랑스의 더러운 손아귀에서 벗어나려는 찰나에 또 다른 제국주의 국가인 일본이 1940년에 베트남에 꽈리를 틀었어.

다행히 일본의 패망으로 베트남은 마침내 독립을 맞이하는 듯했으나 기쁨도 잠시! 프랑스가 동네 건달과 같은 논리를 들고 베트남에 한 발을 다시 슬쩍 밀어 넣었어.

"베트남은 원래(?) 우리 땅이었는데 얍삽한 쪽, 바로 일본이 잠시 임대한 것뿐! 문화와 예술을 사랑하는 우리 프랑스는 베트남을 다시 꿀꺽 삼킬 것을 만천하에 알리는 바입니다."

베트남 국민들도 더는 참을 수 없었고, 위선으로 무장한 프랑스에 맞서 독립을 쟁취하기 위해 일어났어. 이렇게 시작된 인도차이나 전쟁은 1954년까지 무려 9년 가까이 이어졌어.

훗날 최강대국 미국과의 전쟁에서도 승리를 거두는 베트남 앞에서 프랑스도 두 손을 들었어. 그러나 이른바 강대국이라고 불리는 나라들에 의해 베트남은 남과 북으로 갈라지게 되었어.

우리나라의 38선을 떠올리게 하는 북위 17도를 경계로 위쪽으로는 호찌민胡志明이 이끄는 독립 정부가, 그 아래로는 미국의 지원을 받는 남베트남이 위치하게 되었어. 북 베트남은 공산당을 표방하고 있었지만, 그들이 진정으로 추구한 것은 정치 이념이 아니라 하나가 되는 베트남이었어.

베트남은 남과 북으로 갈라져 또다시 통일을 위한 치열한 전쟁을 하게 되었고, 북베트남이 유리한 고지를 점령하자 미국은 속이 타기 시작했어.

"이거 이러다 아시아가 빨갛게 물들겠어요! 소련, 중국, 북한에 이어 만일 베트남까지 공산 정권의 손에 넘어간다면 세계 패권을 노리는 우리의 목표에 큰 차질이 생깁니다."

"맞습니다. 위대한 아메리카의 번영을 위해서는 베트남에 우리 말을 잘 듣는 꼭두각시 정부가 반드시 들어서야 합니다. 그리고 군산복합업체의 로비와 압박도 상당합니다. 베트남은 출고를 기다리는 신형 무기를 쏟아붓기에 적당한 곳이죠."

"그런데 말입니다. 명분이 없군요, 명분이. 의회의 승인도 얻어야 하고, 그 국민여론이란 것도 신경 좀 써야 하지 않겠소?"

"적당한 명분을 만들면 여론도 따라올 겁니다."

그리고 얼마 후, 1964년 8월.

미국이 그렇게 원하던 전쟁 참전의 명분이 될 사건이 발생했어.

"뉴스 속보입니다. 북베트남의 통킹만에 주둔하고 있던 우리 미국의 함선이 두 차례나 공격을 받았다는 펜타곤의 발표입니다. 정부는 베트남의 선제공격에 몹시 분개하고 있는데요! 향후 대책을 함께 들어보시죠."

"우리 미국은 평화를 원하고 있으나, 빨갱이 북베트남의 선제공격에는 강력히 대응할 것입니다. 미국 국민 여러분! 미국에 대한 도발에 응징이 필요한 시기입니다."

우리네 인생에서도 다툼이 발생했을 때 양쪽의 말을 다 들어봐

통킹만 사건
1964년 8월 미군이 촬영한 사진으로, 북베트남의 통킹만에 주둔하고 있던 미국 함선이 두 차례 공격받았다는 미국의 주장을 뒷받침했다.

야 하잖아. 북베트남의 이야기도 들어보자고.

"적반하장도 유분수지. 미국이 먼저 시비를 걸었고, 선제공격도 자기들이 해서 우리는 응전을 한 것뿐입니다. 그리고 2차 교전은 아예 있지도 않았는데, 미국의 저의가 궁금합니다."

하지만 북베트남의 주장을 귀담아듣는 나라는 없었어. 그들의 주장은 음모론으로 치부되었고, 진상 조사 따위는 필요 없었어. 미국이 베트남과의 전쟁을 간절히 원했기 때문이야.

미국 행정부는 곧이어 의회를 압박했고, 사건 5일 만에 통킹만 결의안을 통과시켰어. 이후 미국뿐 아니라 한국을 포함한 여러 나

라가 베트남 전쟁에 참전했고, 죄 없는 베트남 국민뿐 아니라 세계
각국의 젊은이들이 누구를 위한 싸움인지도 모르는 전쟁에서 희
생되었어.

미국은 과연 통킹만 사건을 조작했을까

세월이 흘러 베트남 전쟁이 한창이던 1971년 6월 13일.《뉴욕
타임스*The New York Time*》가 〈펜타곤 페이퍼Pentagon Papers〉라 불리
는 1급 보안문서를 입수한 후 특종을 터트렸어. 신문을 본 미국
국민들과 전 세계는 충격에 빠졌어.

"뭐야? 미국이 통킹만 사건을 조작한 거라고?"

〈펜타곤 페이퍼〉에 따르면 미국은 전쟁 전부터 이미 베트남의
내부 정치에 깊숙이 개입했고, 베트남 전쟁에 대한 부정적인 내용
이 가득한데도 미국은 전쟁을 멈추지 않고 있어. 우리가 사랑하던
존 F. 케네디를 포함해 무려 네 명의 미국 대통령들이 전 세계를
기만한 거야.

〈펜타곤 페이퍼〉는 미국의 국방부 장관인 로버트 맥나마라
Robert McNamara의 지시에 의해서 작성되었어. 그는 46세의 나이
에 최연소 국방부 장관으로 JFK정부에 입각했는데, 입각 1년 전
직업은 포드자동차 사장이었어. 그러니 하버드 경영대학원을 나온
그가 전쟁의 참혹성에 대해서 뭘 알았겠어.

〈펜타곤 페이퍼〉는 2013년 미국 정부의 치부를 폭로한 에드워드 스노든Edward Snowden 같은 용기 있는 내부 고발자에 의해서 세상에 알려지게 되었어.

〈펜타곤 페이퍼〉를 《뉴욕 타임스》 기자에게 넘긴 대니얼 엘스버그Daniel Ellsberg 는 이 기밀문서 작성 작업에 참석했어. 문서가 완성된 후 그는 양심의 가책과 생존의 위협 사이에서 깊은 고민을 했지만, 그의 용기 덕분에 감춰진 전쟁의 진짜 얼굴이 드러난 거야.

충격에 빠진 당시 미국 대통령인 리처드 닉슨Richard Nixon은 연방판사에게 조용히 전화를 걸었어.

"언론이 미국의 국가 안보를 심각하게 위협하고 있어요. 언론의 자유라는 명목으로 이런 짓을 저질러야 되겠습니까? 벌써 3회차 기사가 나갔습니다. 4회차 기사가 나오는 꼴을 본인은 도저히 볼 수 없습니다. 미국의 안보를 위해서 판사님이 나서야 할 때입니다. 재판이 끝나면 식사나 한번 합시다."

닉슨은 사법농단을 시도했고, 법원은 〈펜타곤 페이퍼〉의 기사 보도 금지 명령을 내렸어.

하지만 《뉴욕 타임스》와 《워싱턴포스트The Washington Post》는 기레기가 아니었어. 자칫하면 신문사가 폐간될 수도 있고 기자들은 직업을 잃을 수도 있었어. 더군다나 상대는 세계 최고의 권력자인 미국의 대통령이야.

"어떡할까요? 끝까지 갑니까? 아니면 여기서 펜을 꺾을까요? 대통령이 재선을 앞두고 독이 바짝 오른 상태입니다. 어쩌면 우리가……."

"끝까지 가야죠. 대법원까지 가봅시다. 이대로 물러선다면 훗날 우리의 후배와 국민을 언론을 어떻게 보겠습니까! 언론이 무너지면 누가 권력에 맞서겠습니까! 펜이 칼보다 강하다는 걸 보여줍시다."

그들의 용기에 다른 언론사들까지 뜻을 함께하기로 했어.

《뉴욕 타임스》의 첫 보도 이후 보름 정도 지난 1971년 6월 31일, 휴고 블랙Hugo Black 판사가 다음과 같이 선고했어.

"최종 결과는 6대 3입니다. 수정 헌법 제1조는 언론이 우리 민주주의에서 본질적인 역할을 수행하기 위해 반드시 가져야만 하는 보호를 명기했습니다. 언론은 통치자가 아니라 통치를 받는 이에게 봉사하는 것입니다."

이것이 우리가 한때 동경하던 진짜 미국의 모습이 아닐까?

이 판결 이후 반전운동은 더욱 거세졌고, 닉슨의 지지율도 당연히 하락했어. 이에 마음이 다급해진 닉슨은 '워터게이트(재선을 위해 상대 정당의 선거운동 본부를 도청함) 사건으로 퇴임했어.

한편 베트남은 외세의 거듭된 침략을 물리치고 마침내 1976년 7월 2일 통일된 국가를 세우게 되었어.

제 5 부

권력을 향해 쏘아 올린 작은 불빛:

세상을 바꾼 혁명들

21

인류 역사의
분기점이 되다
_프랑스 혁명의 발화점

마리 앙투아네트를 위한 변명

우리는 역사 속 수많은 혁명을 거치면서 오늘을 살아가고 있어. 모든 혁명이 인류에게 지대한 영향을 미쳤지만, 종교와 신분제 등 사회 기반 전체를 뒤흔든 혁명 중의 혁명은 프랑스 혁명이 아닐까?

프랑스 혁명에서 베르사유궁이 가지는 의미는 영화 〈기생충〉의 저택과 비슷하다고 할 수 있어. 루이Louis 16세의 할아버지는 더러운 냄새가 나는 평민들과 떨어져 살기 위해 파리에서 20킬로미터 떨어진 베르사유궁으로 거처를 옮겨 버렸어.

그리고 이곳에서 프랑스 혁명 중 욕받이를 담당하는 루이 16세

엘리자베스 비제르브룬
(Élisabeth Vigée-Lebrun),
〈드레스를 입은 마리 앙투아
네트〉, 1783.
프랑스와 오스트리아의 정략결
혼으로 15세에 루이 16세와 결
혼한 그녀는 가짜 뉴스가 양산
한 사치의 아이콘이 되었다.

가 태어났어. 정치는 물론이고 세상사 전반에 큰 관심이 없던 루이
16세는 불행하게도 10대 초반에 왕위를 물려받게 되었어.

"내가 왕이 된다고? 나는 미식가이자 자물쇠 따기 놀이를 좋아
하는 소년일 뿐인데?"

식탐이 넘치던 이 어린 왕은 열여섯 살이 되던 해에 마리 앙투
아네트Marie-Antoinette와 베르사유궁에서 동화 같은 결혼식을 올
렸어. 불과 열다섯 살에 프랑스와 오스트리아의 정략결혼으로 외
국으로 시집을 오게 된 마리 앙투아네트. 그녀는 특유의 해맑음으
로 베르사유궁의 장미가 되었어.

"시댁 식구 여러분, 안녕하세요! 전 오스트리아에서 왔어요! 제

가 귀하게 커서 모르는 게 많아요. 잘 부탁드려요. 그런데 제가 시집온 여기가 어느 나라죠?"

마리는 패션에 관심이 많았다고 해. 어려서부터 돈 걱정 따위는 없이 쇼핑하고 살았는데 왕비까지 되고 나니 사치가 더 심해졌겠지?

그러나 루이 16세와 마리 앙투아네트 둘이서 무너진 프랑스에 대한 모든 책임을 뒤집어써야 마땅할까? 이들 뒤에 숨어 있던 나머지 1퍼센트에게 연대책임을 반드시 물어야 한다고 봐.

프랑스 혁명 중 양산된 수많은 가짜 뉴스 중 대표적인 것이 마리 앙투아네트가 이야기했다는 "빵이 없으면 케이크를 먹으면 되지 않나요?"야. 프랑스를 수렁으로 빠트린 기득권을 대리해 이 부부가 국민의 분노를 받은 집중포화의 대상이었던 건 아닐까?

감상은 잠시 접어두고, 이 당시 프랑스 상황을 살펴보자고.

혁명 발발 직전의 프랑스는 오늘날 세계의 축소판이라고 해도 과언이 아니야. 확고한 신분제로 인한 빈부의 극심한 격차로 인해 혁명은 필연적이었다고도 볼 수 있어.

18세기 들어 프랑스의 인구는 지난 200년 동안 열 배에 가까운 인구증가 상승률을 기록했어. 정치를 잘해서가 아니고 페스트 같은 전염병이나 큰 자연재해가 없었던 덕분이야.

그리고 루이 16세가 즉위하기 100여 년 전부터 최대의 앙숙 영국과 싸움만 하면 얻어터졌고, 프랑스 왕실은 자존심에 생채기가

심하게 난 상태였어.

루이 16세가 즉위한 후, 미국은 영국으로부터 독립운동을 펼치게 돼.

"어라! 미국이 악의 축 영국과 전쟁을 한다고? 이건 우리의 대리전이나 마찬가지다. 우리 할아버지와 조국의 원수! 전쟁은 돈이 없으면 안 된다. 지금 당장 미국에 전쟁 지원금을 계좌이체하도록 하라."

"전하! 지금 백성들은 헐벗고 굶주리고 있습니다. 또한 국고도 바닥이 난 상태입니다. 조만간 베르사유궁에 빨간딱지가 붙을 판입니다."

"그래? 돈이 없다고? 그럼 세금을 더 거두면 되지 않느냐?"

이 당시 프랑스 일부 지역에서는 굶주림을 참지 못한 백성들이 식인했다는 기록도 볼 수 있어. 설상가상으로 혁명 전 해인 1788년은 자연재해까지 겹쳤고, 급기야 주식인 빵값이 폭등하게 되었어. 프랑스 기득권이 민중의 혁명을 불렀다고 볼 수밖에 없어.

이 와중에도 돈에 눈이 멀어 빵을 사재기한 빵집 주인들은 성난 주민들의 표적이 되었고 그들의 목은 길거리에 내던져졌어.

루이 16세는 수렁에 빠진 경제를 회복하고 민심을 회복하기 위해 TF팀을 구성했어.

"폐하 국가 부도를 막기 위한 유일한 방법은 막대한 재산을 소유하고도 전혀 세금을 내지 않는 귀족과 성직자들로 구성된 제1, 제2

장 피에르 위엘(Jean-Pierre Houél), 〈바스티유 감옥의 함락〉(La prise de la Bastille), 1789.
1789년 7월 14일, 혁명군은 대포와 총으로 무장한 바스티유 경비대를 4시간 만에 제압했다. 이후 지금까지 7월 14일은 프랑스 혁명 국경일로 지정되었다.

신분들에게도 세금을 부과하는 것입니다."

"그들이 쉽게 동의하겠느냐?"

"건의라도 해봐야지요. 이러다 정말 큰일이 날지도 모를 일입니다."

이 당시 프랑스의 신분제를 비꼬는 그림이 있었는데 노인 모습의 제3신분인 평민이 화려한 옷과 장신구로 치장한 기득권 두 명을 업고 힘겹게 발걸음을 떼는 그림이었어.

루이 16세 TF팀의 왕명을 전달받은 기득권들은 고귀한 전통을 깨트리는 극악무도한 전횡이라며 반대했고, 나라를 위한 구국의 결정이라며 삼부회의 최종 결정에 맡기겠다며 양보하는 척했어.

하지만 기득권인 제1, 2신분이 손을 꼭 잡고 있는 상황에서 평민으로 구성된 3신분제는 들러리일 뿐이었어. 어쨌거나 1789년 5월, 무려 170여 년 만에 베르사유궁에서 삼부회의가 소집되었어.

제3신분의 평민계급 대표들은 이번만은 혹시나 하는 기대를 하고 삼부회의에 참가했어. 그러나 전혀 달라진 것이 없는 기득권의 행태를 보고, 그들만의 '국민의회'를 성립하기로 했어. 이때 왕실에서 이들의 선언을 방해하기 위해 회의실을 폐쇄해버리자 이들은 테니스 코트로 모이게 되었고, 프랑스 혁명의 불씨가 된 '테니스 코트 서약'이 발표되었어.

"제대로 된 헌법이 제정되고 모두를 위한 세상이 될 때까지 우리는 절대로 물러나지 않겠다."

그러자 루이 16세와 기득권은 어디서 많이 본 듯한 시나리오를 준비했어.

"파리 전역에 2만 명의 군 병력을 배치하라."

뒤이어 기득권들에게 세금을 부과하는 개혁안을 추진 중이던 재무장관을 해임했다는 소식이 민중에게 퍼졌어. 파리 시민들은 하나둘씩 팔레 루아얄 광장에 모이기 시작했어. 이때 변호사 겸 저널리스트로 활동하던 카미유 데물랭Camille Desmoulins이 봉기할 것을 외쳤어. 부모와 자식이 죽어가는데도 자신들의 말에 귀 기울이지 않는 기득권을 향해 행동을 옮기기로 했어. 파리 시민들은 상이군인회관으로 달려갔어.

"총기 3만여 정을 확보했습니다. 그런데 탄약이 하나도 없습니다!"

"며칠 전 우리 움직임에 두려움을 느낀 왕실에서 바스티유 감옥으로 탄약을 이송시켰다는 첩보입니다."

자유, 평등, 박애를 되찾기 위한 혁명

1789년 7월 14일 파리 시민은 현대 프랑스 국기의 기원이 되는 흰색(자유), 빨간색(평등), 파란색(박애) 등 삼색을 모자에 붙이고, 삼색 깃발을 높이 든 채로 바스티유 감옥으로 진격했어. 이때 사람들이 쓴 프리지앙 모자는 로마의 자유 노예들이 썼던 것이고, 귀족들의 '반바지에 양말 패션'에 반대하기 위해 통 넓은 긴 바지를 주로 입었다고 해. 패션에도 혁명이 일어난 거야.

1,500여 명의 혁명군은 오후 2시 바스티유 감옥 앞에 도착했고, 대포와 총으로 무장한 100여 명의 바스티유 경비대를 4시간 만에 제압했어. 마침내 프랑스 혁명의 횃불이 높이 솟아올랐고, 현재까지도 7월 14일을 프랑스 혁명 국경일로 지정하고 경축하고 있어.

한편 루이 16세는 혁명 당일 사냥에서 돌아와 베르사유궁 침실에서 여유롭게 일기를 쓰고 있었어.

"1789년 7월 14일. 오늘은 사냥에 나가서 한 마리도 못 잡아서 심신이 더 피곤하다. 일기 끝."

이때 왕실의 패션 코디네이터가 루이 16세의 처소로 뛰어들어 레전드로 남은 대화를 주고받았어.

"백성들이 바스티유 감옥을 점거했습니다!"

"뭐냐? 반란이냐?"

"아닙니다. 이것은 혁명! 혁명입니다!"

3일 후 루이 16세는 자신의 모자에 흰색, 빨간색, 파란색을 새기며 혁명을 인정하게 되었어. 이어 8월 26일에는 "모든 인간은 평등한 권리를 가진다"는 인권선언이 제정되었어. 하지만 루이 16세는 인권선언 및 혁명 세력이 내미는 각종 서류에 서명을 미루고 있었어.

'수천 년을 이어온 이 아름답고 우월한 체제의 종말을 내 손으로 선언할 수는 없지. 기득권들이 같이 죽자고 가만히 있지 않을 것이다. 그리고 이 혁명을 보고 주변국의 왕들도 밤잠 꽤 설칠 것이다. 여기 베르사유궁에서 버티다 보면 나에게도 마지막 기회가 반드시 올 것이다.'

하지만 같은 해 10월 5일, 시장에서 생선을 파는 여인들을 주축으로 심상치 않은 움직임이 일어났어.

"아니. 우리 고귀한 왕께서는 각종 혁명 서류에 사인을 미루는 이유가 도대체 뭐래?"

"아! 몰라서 물어! 이 잡것들이 아직도 우리를 무시하고 있으니 그런 거지? 마리인지 메리인지도 문제야."

"옳거니! 말 나온 김에 우리가 베르사유궁으로 쳐들어가서 이것들을 요절을 내버립시다."

"그러자고. 우리도 혁명 때 목숨 내놓은 사람들이야. 지금 와서 뭘 망설여."

생선을 자르던 칼을 들고 베르사유궁으로 몰려간 수천 명의 여인들 앞에서 왕과 왕비는 오금을 저릴 수밖에 없었어. 둘은 겨우 목숨만 부지한 채 베르사유궁에서 퇴거 명령을 받고 시민들의 친절한(?) 호위 속에 파리로 옮겨졌어.

"부인! 우선 소낙비는 피하고 봅시다. 그리고 훗날을 도모합시다."

"여보! 좀 잠잠해지면 우리 친정으로 망명해요."

부부는 2년 후, 이 계획을 실행에 옮겼어. 자존심 따위는 예전에 버린 이들은 야심한 밤, 하인 복장을 하고 마차에 올랐어. 그들은 무슨 생각이었을까? 목숨만 건지고 외국에서 조용히 살기를 원했을까? 아니면 외국의 군대를 앞세워 자신의 조국으로 침공하려고 했던 걸까?

루이 16세는 오스트리아 국경을 얼마 안 남겨 두고 혁명군에게 발각되었고, 파리로 재차 이송되었어.

"왕이 우리를 버렸다!"

온 국민이 충격에 빠졌고, 이로써 왕에 대한 동정 여론도 완전히 등을 돌렸어.

형식적인 재판을 거치고 루이 16세는 1793년 1월 21일, 단두대에서 최후를 맞이했어. 이후로도 공포정치와 나폴레옹의 등장 등 프랑스에서는 수많은 일이 벌어졌지만, 루이 16세의 사형은 프랑스 혁명, 아니 인류 역사에서 큰 분기점이라고 볼 수 있어.

프랑스 혁명의 시작점과 달리 그 끝은 어디인지를 두고 학자들 사이에서도 의견이 분분하다고 해. 프랑스뿐 아니라 세계 곳곳에서 부당한 권력에 항거하는 시위가 이어지고 있어. 어쩌면 우리는 아직도 혁명 중인 것이 아닐까.

22

무고한 개인을
파괴한 절대권력
_드레퓌스 사건

공권력에 유린된 개인의 삶

프랑스는 1871년 프로이센과의 전쟁에서 패한 후, 유럽에서 군사 넘버원의 자리를 되찾기 위해 눈에 불을 켜고 있었어. 그래서 통일 독일과의 주도권 싸움은 절대 밀려서는 안 되는 게임이었어. 이런 분위기 속에 프랑스에서 한 개인의 삶이 공권력에 의해 유린당하는 일이 발생하는데, 그 사건을 고발해보려고 해.

1894년 10월, 프랑스 육군 참모본부에서 근무하던 대위 알프레드 드레퓌스Alfred Dreyfus가 간첩 혐의로 체포되었어.

"뉴스 속보입니다. 육본 소속의 유대인 대위가 독일 대사관에 우

드레퓌스 대위(1906년 당시)
포병 대위로 참모 본부에서 근무하던 중 독일에 군사정보를 팔았다는 혐의를 받고 체포되었다. 오른쪽에서 두 번째가 드레퓌스 대위.

리 프랑스의 군사기밀을 유출한 혐의로 긴급체포되었습니다. 현장에 나가 있는 기자를 연결해보겠습니다."

"저는 곧 비공개로 열릴 군법회의 재판소 앞에 나와 있습니다. 그런데 드레퓌스 대위는 자신의 혐의를 전면 부인하고 있다는 소식입니다."

"그렇군요! 그런데 군 당국이 제시한 증거는 독일 대사관의 우편함에서 훔쳐 온 명세서뿐이라고 하는데 이게 사실입니까?"

"네! 군 당국이 입수한 그 명세서의 필적과 드레퓌스 대위의 필적이 일부분 일치한다고 합니다. 증거가 불충분하다는 일부 보도에 대해서 군 당국은 수많은 증거를 가지고 있지만 국가 안보를 위협하는 것이기 때문에 공개할 수 없다고 합니다."

"군 당국의 변명이 참으로 궁색하군요. 그럼 재판 결과가 공개되면 다시 현장을 연결하도록 하겠습니다."

비공개로 열린 재판은 신속하게 진행되었고, 프랑스군 당국은 드레퓌스 대위에게 무기징역을 선고한 후, 악마의 섬이라고 불리는 프랑스령의 기아나섬에 그를 송치하기로 했어. 그런데 그가 섬으로 이송되기 전, 군 당국은 이례적인 행사를 열었어. 그의 동료 군인들이 도열한 가운데 예복을 제대로 갖춰 입은 드레퓌스 대위가 나타났어.

"배신자! 꺼져라!"

"유대인은 처음부터 믿지 말았어야 했다. 너는 프랑스군의 수치다."

이어 한 장교가 나서 드레퓌스 대위가 찬 칼을 빼앗아 부러뜨리자 다른 군인들이 달려들어 계급장을 떼어내며 현장은 아수라장이 되었어. 이 와중에도 대위는 자신의 무죄를 호소했지만, 그 누구도 그의 말에 귀를 기울이지 않았어.

그렇게 절대권력을 가진 군 당국이 하나의 간첩 사건을 잘 해결한 것으로 모두가 생각하고 있던 얼마 후, 사건의 진범은 따로 있다는 군 내부 고발자가 나타나면서 사건은 반전을 맞이했어.

"진짜 범인은 따로 있습니다. 드레퓌스는 간첩 조작 사건의 희생양일 뿐입니다. 프랑스군은 부족한 증거에도 그가 유대인이라는 이유로 사건을 마무리했습니다. 심지어 군 당국은 진범이 에스테라지Esterazy라는 인물이라는 것을 알게 되었지만, 자신들의 명예가 실추되는 것을 막기 위해 입을 다물고 있습니다."

이후 사건은 어디서 많이 본듯한 방향으로 흘러가게 되는데!

내부고발자인 피카르 중령은 석연찮은 이유로 좌천되었고, 프랑스를 이상한 방법으로 사랑하는 보수 언론들이 들고일어났어.

"우리 프랑스군이 그런 기본적인 실수를 저지를 리 없다."

"긴박하게 돌아가는 작금의 유럽에서 군의 명예는 국가의 명예를 대표한다."

"지금은 오직 프랑스만 생각하며 모두가 조직(軍)을 위해 충성해야 할 때!"

이런 식의 보도가 연일 쏟아졌어.

보수 언론의 힘을 받은 군 당국은 이 기회에 재수사 촉구와 그들의 독단적인 권력을 비판하는 목소리를 완전히 잠재우기로 했어.

"언론이 매일같이 우리를 위해서 저렇게 열심히 뉴스를 생산해 내고 있는데 우리도 움직여야 하지 않겠나?"

"드레퓌스가 진범이라는 새로운 증거를 들고 언론에 나설 적당한 인물을 이미 준비시켰습니다."

"보고서를 보니까 새로운 증거가 좀 엉성하던데 괜찮겠나? 그리고 진범은 어떻게 처리할 작정인가?"

"증거야 처음부터 좀 많이 미약했습니다. 그러나 언론이 미친 듯이 기사를 쓰면서 나팔수 노릇을 제대로 해준다면 문제없을 것입니다. 사건의 본질이나 사실이 중요한 것은 아니잖습니까! 흐흐흐. 그리고 그자는 아무래도 외국으로 보내야 할 것 같습니다."

"나는 고발한다"

이렇게 진범인 에스테라지는 위대한 프랑스 군부의 위신과 체통을 지키기 위해 무죄로 풀려나 영국으로 떠나게 되었고, 프랑스군은 앙리 중령이 드레퓌스의 유죄에 쐐기를 박을 새로운 증거를 찾았다며 언론에 뉴스 소스를 연일 흘렸어.

이런 상황에서 드레퓌스 대위 가족과 일부 언론에서 그의 무죄와 억울함을 아무리 주장해도 공허한 울림으로 되돌아올 뿐이었어.

그런데, 사건에 또 다른 반전이 일어났어. 영국으로 떠난 에스테라지가 자신이 진범이라는 내용이 담긴 책을 출간하며 프랑스군에게 제대로 엿을 먹였어. 또한, 새로운 증거를 찾았다고 나섰던 앙리 중령이 갑자기 자살했어.

상황이 급변하자 당대 프랑스 최고의 작가인 에밀 졸라Émile Zola가 군부의 총칼에 맞서 펜을 들었어.

사실 그는 이전부터 이 사건의 부당한 언론 플레이와 절대 권력의 부패함을 고발하는 글을 신문사에 싣기를 원했어. 그러나 돌아

《로로르》에 실린 〈나는 고발한다〉
에밀 졸라는 드레퓌스 무죄를
밝히고, 부당한 언론 플레이와
프랑스군의 부패함을 고발하는
글을 신문에 발표했다.

오는 대답은 항상 같았지.

"저…… 작가님 죄송합니다. 지금 프랑스군을 건드리는 일은 신
문사의 존폐가 걸린 일입니다. 작가님의 글을 실어줄 신문사는 현
재 프랑스에는 없을 겁니다."

하지만 완전한 어둠 속을 비추는 여명이 있었으니! 에밀 졸라의
글을 기사화하겠다는 곳이 나타났고, 그는 '대통령에게 보내는 편
지'라는 다소 밋밋한 제목의 명문장을 완성했어.

"작가님! 타이틀은 '나는 고발한다'로 기사가 나가는 게 좋겠습
니다."

"좋아요! 편집장님 촉을 믿어보죠."

에밀 졸라의 글이 실린 신문은 순식간에 30만 부 이상이 팔려 나가며 국내외적으로 큰 반향을 일으켰어.

〈톰 소여의 모험〉을 쓴 작가 마크 트웨인Mark Twain은 그의 글을 보고 다음과 같은 찬사를 보냈어.

권력을 가진 겁쟁이 위선자는 한 해에도 백만 명씩 태어난다. 그러나 잔 다르크나 에밀 졸라 같은 인물이 태어나는 데는 5세기가 걸린다.

여기서 잠시 〈나는 고발한다〉의 일부분을 함께 살펴보자고.

제 의무는 말을 하는 겁니다. 저는 역사의 공범자가 되고 싶지 않습니다. 만일 제가 공범자가 된다면, 앞으로 제가 보낼 밤들은 가장 잔혹한 고문으로 저지르지도 않은 죄에 대해 속죄하고 있는 저 무고한 사람의 유령으로 가득한 밤이 될 것입니다. (중략)
명세서가 유일한 물증이었지만 필적 전문가들조차 의견 일치를 보지 못한 상태였습니다. (중략) 대통령 각하. 바로 이렇게 해서 사법적 오판이 저질러졌습니다. 게다가 드레퓌스의 도덕성, 부유한 환경, 범죄 동기의 부재, 끝없는 무죄의 외침은 그를 둘러싼 종교적 환경, 우리 시대의 불명예인 '더러운 유대인' 사냥 등의 희생자였음을 더욱 확신하게 합니다.

저는 비요 장군을 고발합니다. 이유는 그가 드레퓌스의 무죄와 관련한 명백한 증거를 쥐고서도 그것을 묵살했고, 정치적 목적을 위해, 그리고 위험에 빠진 참모 본부를 구한다는 명목으로 스스로 인간성 모독죄와 정의 모독죄를 저질렀기 때문입니다.

저는 부아데프르 장군과 공스 장군을 고발합니다. 이유는 그들이―아마도 전자는 종교적 열정에 의해 그리고 후자는 국방부를 누구도 손댈 수 없는 신성한 사원으로 만드는 군인정신에 의해―동일한 범죄의 공범자 역할을 했기 때문입니다.

저는 국방부를 고발합니다. 이유는 그들이 여론을 오도하고 잘못을 은폐하기 위해 특히 《레클레르L'Eclair》와 《레코 드 파리L'Echo de Paris》를 통해 가증스러운 언론 캠페인을 벌였기 때문입니다.

그의 글에 전 세계가 감명을 받았지만, 프랑스의 권력자들만은 예외였어. 심지어 프랑스 대통령은 쪼잔하게도 사면 조건으로 드레퓌스 대위에게 자신의 유죄를 인정하라는 조건을 내걸기도 했어.

프랑스에 존재하던 반유대주의와 군부를 지지하는 언론을 이용해 이번에는 에밀 졸라를 공격하기 시작했어. 무고한 드레퓌스를 간첩 혐의로 몰아 무기징역을 선고했던 그 방식으로 말이야.

그는 결국 징역 1년에 벌금 3천 프랑을 선고받았고, 예언 같은 말을 남기고 영국으로 망명했어.

"언젠가 프랑스가 자신의 명예를 구해준 나에게 감사할 날이 반드시 올 것이다."

이 사건은 자신들의 실수를 인정하지 못하는 절대권력이 개인의 삶을 어떻게 파괴할 수 있는지 보여주는 대표적인 사례라고 생각해. 또한 절대권력은 부패하게 마련이며 영원한 권력도 없다는 것을 새삼 보여주는 사례이기도 해.

드레퓌스 대위는 끝까지 포기하지 않은 사람들의 노력으로 대통령 특사로 풀려났어. 이후 그는 군에 복직까지 하게 됐으니 참으로 다행스러운 일이지만, 권력과 언론에 의해 파괴되었던 그의 삶은 어디서도 보상받을 수 없다는 점은 불행한 일이야.

23

아이티를 구한
블랙 스파르타쿠스
_최초의 흑인 정부를 세운 투생 루베르튀르

프랑스와 영국의 희생양이 되다

우리에겐 2010년 대지진으로 알려진 북중미에서 가장 가난한 나라 아이티. 아메리카 대륙에서 가장 많은 비율의 흑인이 사는 이 나라가 프랑스어를 사용하는 이유는 뭘까?

1492년 스페인 정부의 지원을 받은 콜럼버스가 카리브해의 한 섬에 도착했어. 이후 이곳은 작은 스페인이라는 뜻의 히스파니올라라고 불리게 되었는데, 200년 뒤 프랑스도 이 아름다운 섬에 빨대를 꽂고 섬의 절반을 차지하게 되었어.

프랑스의 야만적인 지배 아래에서 흑인 노예들이 아메리카 대륙

최초의 흑인 공화국을 세우는 과정을 함께 살펴보자고. 참고로 섬의 나머지 절반은 도미니카 공화국이 되었어.

미국의 원래 주인인 인디언들이 몰살되었듯이, 이 섬의 원주민들도 콜럼버스 도착 이후 같은 운명을 맞이했어. 뒤늦게 이 섬의 절반을 차지한 프랑스는 착취할 노동력이 부족했어.

"그 스페인 놈들 적당히 좀 해먹지. 일할 사람이 없네, 없어."

"아프리카에 가면 널린 게 검둥이인데 무슨 걱정입니까?"

당시 섬에서 생산되는 커피와 설탕은 세계 생산량의 40퍼센트 이상을 차지하고 있었어. 단순한 식민지를 넘어서 프랑스 경제의 큰 축을 담당하고 있었던 거지. 그렇기에 이곳의 사탕수수 농장은 프랑스인들에게 금광과 같았어.

사탕수수는 수확 후 48시간 안에 1년 농사의 성패가 달린 작물이야. 그리고 48시간 안에 분쇄, 착즙 과정을 마쳐야 해. 일하는 사람들의 노동 강도를 미뤄 짐작할 수 있겠지.

이에 영국과 함께 노예무역 G2였던 프랑스가 아프리카에서 멀쩡한 사람들을 납치해서 카리브해의 섬에 짐짝처럼 던졌어.

영화나 드라마를 통해서 많이 봤겠지만 짐짝처럼 바다를 건너오며 수많은 아프리카 사람들이 죽었고, 살아남아도 인간의 한계를 넘는 노동 강도를 견디지 못해 평균 수명이 7년이 안 됐다고 해.

아프리카의 평범한 사람들이 노예로 전락하여 희망도 없는 삶을 이어가던 1743년. 그들을 지옥에서 탈출시켜줄 위대한 전

투생 루베르튀르
용맹하고 비상한 두뇌로 4천여
명의 민병대를 이끈 그는 1804
년 아이티공화국을 세웠다.

사! 블랙 스파르타쿠스가 섬의 사탕수수 농장에서 노예로 태어
났어. 그는 바로 아이티 건국의 아버지 투생 루베르튀르Toussaint
Louverture야.

그는 33세가 되던 해에 노예에서 해방되었고, 1791년 자신의 고
향에서 흑인 노예반란이 일어나자 바로 전장으로 뛰어들었어. 그
는 비록 전문적인 군사 지식은 없었지만, 그 누구보다 용맹했고, 비
상한 두뇌로 4천여 명의 민병대를 이끌었어. 이 당시 봉기한 흑인
노예들의 숫자는 50만 명에 가까웠다고 하지만 그는 그중에서도
단연 돋보이는 지도자였어.

이들의 기세도 놀라웠지만, 프랑스는 본국에서 일어난 혁명으로

두 집을 지키기가 불가능한 상황이었어. 어쩌면 흑인 노예들은 그저 일상의 삶을 살 수 있는 날이 곧 올지도 모른다고 희망에 부풀어 있었어. 그런데 뜬금없이 영국 신사가 아이티에 뛰어들었어.

"생도맹그(산토도밍고)가 어떤 곳이냐? 왕관의 보석이라 불리는 곳 아니냐? 프랑스 놈들이 우왕좌왕하는 사이 우리가 흑인 노예들을 진압하고 날름 노다지를 삼키자고."

이렇게 나쁜 백인과 더 나쁜 백인이 자리를 바꿔가며 아름다운 섬을 피로 물들였어. 이에 생도맹그의 자치 행정관은 1793년에 노예해방을 선언하고 루베르튀르에게 손을 내밀었어.

"일단 저 쓰레기 같은 백인 노예 상인들을 이 아름다운 섬에서 몰아냅시다."

이후 루베르튀르와 흑인 노예들은 무려 7년이 넘게 처절한 싸움을 벌였고, 1801년에 드디어 그들의 땅에서 모든 백인을 몰아내게 되었어.

블랙 스파르타쿠스 루베르튀르가 섬의 수반으로 취임하게 되었고, 신대륙에 최초의 흑인 정부가 설립되기 일보 직전! 이번에는 프랑스에서 강화조약을 체결하자는 연락이 왔어.

"나폴레옹이 우리와 강화조약을 체결하고 싶어 합니다. 매제인 르크레르를 보낸다고 합니다."

"피부색 하얀 것들은 절대로 믿어서는 안 됩니다. 그동안 우리에게 한 짓도 결코 잊어서는 안 됩니다. 다시는 그 악마 같은 자들을 이 섬에 들여서는 안 됩니다."

"그래도 이렇게 먼저 손을 내미는데 만나봐야 하지 않겠소?"

백인들을 믿어서는 안 된다는 반대의견에도 강화조약을 체결하는 데 동의해, 프랑스군이 섬에 다시 기어들어 왔어.

최초의 흑인 정부 탄생

슬픈 예감은 틀리지 않는 법이고 인간도 쉽사리 변하지 않는 법, 몇백 년 동안 이곳을 수탈한 프랑스군은 비열하고 야비한 본성을 드러냈어.

"우리가 검둥이들과 동등하게 회의석상에 앉을 거라고 생각했나? 너희들은 너무 미개하여 우리의 통치가 필요하다. 괴수의 우두머리 루베르튀르를 본국으로 압송한다. 당장 저자를 체포하라."

이후 히틀러가 존경한다는 나폴레옹의 프랑스군은 닥치는 대로 사람들을 학살하기 시작했고, 히틀러에게 영감을 준 매우 잔인한 방법까지 사용했어.

매일 밤, 섬 곳곳에는 흑인들을 가득 실은 배가 출항했어. 어둠 속에서 불도 밝히지 않은 배에는 화산에서 구한 유황도 실려 있었다고 해. 망망대해에서 유황 가스를 마시고 죽거나 바다에 빠져 죽은 사람들이 무려 10만 명이었다고 하니, 프랑스가 무슨 낯짝으로 독일의 전쟁 범죄를 논할 수 있을까?

그러나 살아남은 자들은 극한의 공포와 잔혹한 현실을 딛고 프랑스군에 용맹하게 저항했고, 하늘이 도운 것인지 전염병이 프랑스군을 덮쳤어. 여기에 영국이 프랑스에 선전포고 하자 마침내 프랑스군은 섬에서 물러나게 되었어.

이듬해인 1804년 1월 1일, 아이티공화국이라는 이름으로 신대륙에 최초의 흑인 정부가 닻을 올렸어.

아이티 건국 1년 전, 프랑스 감옥에서 홀로 죽은 위대한 전사의 말로 이 글을 마치려고 해. 오늘날에도 전 세계 곳곳에서 자유를 위해 싸우는 모든 이들에게 조금이나마 힘이 되었으면 하는 바람이야.

우리는 지구상에서 가장 값진 것이자, 영원히 사라지지 않을 자유를 위해 싸우고 있다.

24

미국 독립전쟁의 시초

_반영 감정에서 시작된 보스턴 차 사건

아메리카 대륙의 운명이 바뀐 순간

2019년 7월에 열린 여자축구 월드컵 4강전 중 영국과의 경기에서 골을 넣은 미국의 알렉스 모건Alex Morgan 선수가 관중석을 향해 차를 마시는 세리머니를 해서 논란이 된 적이 있었어. 양국 관중은 미국 독립운동의 발화점이 된 보스턴 차 사건을 떠올렸지. 마침 7월 4일 미국의 독립기념일을 앞두고 있었기에 이 세리머니를 두고 설전이 오갔어. 남의 집 불구경은 잠시 접어두고 우리는 교양 충전을 위해 보스턴 차 사건을 살펴보자고.

1492년 8월 3일, 크리스토퍼 콜럼버스가 스페인 여왕 앞에서 일장 연설을 하고 있었어. 아메리카 대륙의 운명이 바뀌는 순간이야.

"폐하! 인도에 가면 진귀한 보물이 아주 많습니다. 다른 무지한 권력자들과 달리 여왕 폐하께서 저에게 소정의 경비를 지원해주신다면 1,000퍼센트의 수익률로 보답하겠습니다.

"내가 무지한지 그들이 무지한지는 곧 밝혀질 터! 당신의 목을 내걸고 이 미션에 성공해야 할 것이오!"

이렇게 콜럼버스는 스페인 여왕을 스폰서로 업고 대양으로 나아갔어. 성난 파도와 화난 선원들의 반란까지 잠재운 후에야 신대륙에 발을 디딜 수 있었어. 하지만 그는 죽을 때까지 자신이 발견한 신대륙을 인도라고 믿었다고 해.

이후 100여 년의 시간이 훌쩍 지난 1620년 영국에서 메이플라워호를 타고 온 청교도인이 뉴잉글랜드에, 네덜란드인은 뉴욕 등에 자리를 잡으며 아메리카 대륙의 식민지 시대가 열렸어.

뉴욕이 네덜란드령에서 영국령으로 넘어가자 그들의 라이벌 프랑스가 움직이기 시작했어.

"이러다 신대륙 전체를 영국 놈들에게 넘겨주겠다. 사업 중에 최고는 식민지 사업이다. 이 꿀단지를 차지하기 위해서는 전쟁뿐이다."

1755년부터 1763년까지 아메리카 대륙에서 이어진 두 나라 간의 전쟁은 영국의 승리로 막을 내리게 되는데!

"아! 질긴 프랑스 놈들 같으니라고, 이기긴 했는데 상처뿐인 영광이야. 전쟁하느라 돈을 너무 많이 썼어. 이제 아메리카 식민지에 빨대를 꽂고 본전을 찾아야겠다."

자신들의 이익을 위해 전쟁을 치르고 그 비용은 식민지에 청구하는, 어디서 많이 본 듯한 심보야.

보스턴에서 폭발한 세금 갈등

"아! 아! 굿모닝 아메리카! 몇 가지 전달 사항이 있습니다. 악의 무리 프랑스로부터 우리가 여러분을 지켜주기 위해 큰 전쟁을 치른 건 아시지요? 그동안 영국 본토에서 파견된 대영제국 군대의 주둔비 및 각종 전쟁 비용에 대해서 아메리카 식민지와 고통 분담을 하고자 합니다. 그래서 몇 가지 아주 사소한 세금이 추가될 예정입니다."

우리가 여기서 한 가지 알아야 할 사실은 영국이 미국에 대한 식민정책은 인도에 대한 것과는 상당히 달랐어.

"아니 무슨 소리야? 가뜩이나 먹고 살기 힘든데 무슨 세금을 더 걷는다는 거야? 그리고 여기가 인도인 줄 아나? 어디서 상호 합의도 없이 자기들 맘대로 결정하고 통보만 하고 난리야!"

최초 영국의 약속과 달리 식민지에 부과되는 세금은 점점 늘어만 갔고, 이에 미국 내에서 반영 감정이 높았던 보스턴에서 결국 사고가 터지고 말았어.

보스턴 차 사건을 그린 석판화(1846)
영국 차 불매 운동을 시작한 미국은 보스턴에서 온 영국 배에 올라 차 상자를 바다에 버렸다.

"이건 대학살이다. 보스턴 대학살! 영국은 물러가라! 고 홈! 무늬만 젠틀맨!"

보스턴에 주둔 중이던 영국군인과 현지 주민들 사이에 물리적 충돌이 발생했고, 사망자가 다섯 명 발생했어. '자유의 아들들'이라는 단체는 이 사건을 확대 재생해서 반영 운동으로 이어지기를 원했으나 역부족이었어.

"우리도 영국 본토 놈들이 싫지만, 이걸 대학살로 몰아가는 건 좀 무리인 거 아니야?"

결국 이 사건이 유야무야되자 '자유의 아들들'의 주요 멤버이자 보스턴의 유력 기업가인 존 핸콕John Hancock과 새뮤얼 애덤스 Samuel Adams 등은 한 발 물러날 수밖에 없었어.

'아! 뭐가 부족했지? 명분이 약했나? 사망자가 너무 적었나? 이도저도 아니면 아직은 때가 아니란 말인가?"

그리고 3년 후인 1773년, 그들이 기다리던 때가 차가 우러나듯 서서히 무르익고 있었어.

이 당시 보스턴의 거상들은 차의 밀무역으로 막대한 부를 챙기고 있었어. 중국의 광동 지역에서 대량의 차를 수입해 미국과 영국 본토에 공급하는 방식이었어. 이러자 영국 본토의 동인도 회사는 차 시장에서 미국의 상인들에게 완전히 밀리고 말았어.

문제는 영국의 동인도 회사 대주주들이 국영은행과 영국 정부였다는 점이야. 오늘날의 차car 시장만큼이나 큰 당시의 차tea 시장을 두고 영국 본토와 식민지 미국 간의 돈의 전쟁이 시작된 거야.

"저 근본도 없는 식민지 것들에게 계속 이렇게 당하고만 있을 거요? 정녕 차 시장을 뺏어올 방법이 없단 말이오? 회사 창고에 차가 썩어 나가고 있소이다!"

"방법이 있습니다. 첫째, 저들보다 싼 값에 차를 시장에 공급하면 될 것입니다. 그러기 위해서는 동인도 무역회사에 차 거래에 대한 독점권을 주어 미국 시장에 진입하게 하는 겁니다. 둘째, 회사 창고의 재고도 미국에 강매를 하면 될 것입니다. 식민지는 식민지답게 다뤄야 하지 않겠습니까?"

이 소식을 들은 미국은 크게 분노했고, 영국 차 불매운동을 시작했어.

"여러분! 저 제국주의 놈들이 차 시장을 독점하게 되면 우리는 한 상품의 시장만 잃는 것이 아니라 경제적으로 완전히 속국이 되고 말 것입니다. 여기서 밀리면 끝장입니다. 다 같이 불매운동을 펼칩시다."

"맞습니다. NO 잉글랜드!"

이 여파로 필라델피아와 뉴욕 등에서는 차를 가득 실은 영국 배가 항구에 접안도 못 하는 사태가 발생했어.

한편 보스턴의 상황은 더욱 긴박했어.

"3일 후인 12월 16일에 우리 보스턴 항구로 영국 배가 들어온다고 합니다."

"티 파티를 할 때가 왔다. 바닷물에 우려먹는 차는 어떤 맛일지 궁금하구나."

영국군의 호위를 받으며 차를 가득 실은 세 척의 배가 보스턴 항에 도착한 날 밤. 인디언 분장을 한 무리가 영국의 상선에 올랐고, 그들은 차 상자를 바다에 던져버리기 시작했어.

"뭐, 뭐야? 뭐 하는 놈들이냐? 네놈들이 감히 대영제국의 홍차를 바다에 던지고도 무사할 줄 아느냐? 당장 멈춰라."

"시끄럽다. 네놈도 바다에 던져져서 차 맛보기 싫으면 그 입을 다물라."

이 소식을 들은 영국 본토에서는 난리가 났어.

"이것들이 간이 배 밖으로 나온 겁니까? 어찌해야 할까요?"

"여기서 우리가 물러나면 식민지에 대한 지배력을 완전히 상실하게 된다. 강경 대응만이 답이다. 보스턴 항구를 완전히 폐쇄하고 자치주에 손해배상을 청구하도록 하라. 또한, 주모자를 색출하여 본토로 당장 송환시켜라!"

2019년 홍콩의 시위도 중국의 송환법 때문에 시작된 것처럼, 아메리카의 13개 식민지도 영국의 강경 대응에 맞서 필라델피아에 모였어.

"언제까지 바다 건너 영국에게 간섭받으며 살 겁니까? 독립합시다, 독립. 영국도 이제 잘나갈 때의 영국이 아닙니다. 우리도 한번 해볼 만하다고 생각합니다."

"찬성이오!"

1775년 4월, 렉싱턴의 콩코드에서 작은 전투를 시작으로 미국의 독립전쟁이 시작되었고, 이듬해 7월 4일 토머스 제퍼슨Thomas Jefferson이 초안한 미국 독립선언서를 발표함으로써 오늘날의 미국이 탄생하게 되었어.

25

손발이 묶인
대통령의 결단
_칠레를 바꾼 사회주의 정부의 탄생과 결말

선거로 탄생한 사회주의 정부

산티아고가 수도인 칠레는 동서의 길이는 서울과 대전 구간보다 조금 긴 175킬로이지만, 남북의 길이는 무려 25배인 몹시도 길쭉한 나라야.

칠레는 악명 높은 지진 다발국가이며, 전 세계 구리 매장량의 25퍼센트를 보유하고 있어. 이 풍부한 천연자원은 결국 독이 되고 말았지만 말이야.

자! 한때 우리나라보다 나은 경제력을 가지고 있던 1970년 9월 4일, 칠레의 뉴스를 잠시 들어보자고.

1971년 에콰도르를 방문한
아옌데
그는 미국과 외국 자본의 압박
에 맞서 독립적인 칠레를 만들
기 위해 앞장섰지만, 내외부의
적을 막을 수 없었다.

　"국민 여러분! 참으로 놀라운 일이 아닐 수 없습니다. 현재 여섯
개당 통합 후보로 나선 살바도르 아옌데Salvador Allende 후보가 근
소한 차이로 1위를 달리고 있습니다.

　만약 이대로 그가 선두 자리를 지킨다면 국민의 손으로 뽑은 최
초의 사회주의 정부가 탄생할 것입니다. 포퓰리즘populism이라는
기득권층의 집중적인 공세를 받으며, 세 차례나 대통령 선거에 낙
방했던 살바도르 아옌데 후보가 과연 칠레의 새로운 대통령으로
탄생할 수 있을까요? 아, 지금 막 개표 최종 결과가 제 두 손에 전
달됐습니다."

　36.2퍼센트 대 34.9퍼센트. 라틴 아메리카에서 최초로 선거를

통한 민주적인 사회주의 정부가 탄생하는 순간이야. 민주적이라는 단어와 사회주의라는 단어의 융합에 괴리감을 느낄 수도 있겠어.

그럼 사회주의 정부 행정 수반인 살바도르 아옌데에 대해 살펴보자고.

- 출생: 1908년 7월 26일. 60대 초반에 대통령이 됨.
- 학생 기록부: 칠레 제2의 도시 발라파라이소에서 태어났고, 의대 재학 시절 사회주의에 심취함. 아버지는 자식이 하라는 공부는 안 하고 빨갱이가 됐다고 펄쩍 뛰었다가, 대통령이 되었으니 결국엔 좋아하셨겠지?
- 정치 경력: 30세에 하원의원을 시작으로 보건사회부 장관을 거쳐 45세부터 대통령에 도전하여 3수 끝에 합격!

아옌데 정권이 들어서기 전인 50~60년대 칠레의 정치 경제 상황은 어땠을까?

칠레인 누구도 원하지 않았지만, 자신들이 밟고 서 있는 땅에 전 세계 구리의 25퍼센트가 매장되어 있었고, 50~60년대 보수 정권들은 눈부신(?) 경제 성장을 이루자며 외국 자본에 문을 활짝 열어줬어. 이 결과 아옌데 정권이 들어설 때쯤엔 칠레 기업의 절반 이상이 외국 자본에 잠식당한 상태였어. 이중 미국이 차지하는 비중은 절대적이었지.

이게 무슨 문제냐고? 외국 자본이 들어오면 후진국이 금방 멋진 선진국으로 탈바꿈하는 마법이 일어나지 않느냐고? 과연 칠레에 어떤 일이 일어났는지 이제부터 살펴보자고.

의대 출신 운동권 대통령 살바도르 아옌데는 정권을 잡자마자 15세 이하의 모든 어린이에게—많은 양은 아니지만—무상 분유 제공을 약속했어. 칠레의 유아 사망률은 심각한 수준이었기 때문에 당연한 정책이야. 하지만 기득권층은 어디서 많이 들어본 듯한 반대의견을 내걸었고, 기득권층의 충실한 스피커인 언론들은 자극적인 헤드라인으로 이 정책을 비방했어.

"포퓰리즘의 전형."

"아이들 살리려다 청장년층 다 죽이겠다."

"노인을 위한 정책은 없다."

하지만 아옌데는 기득권층과 내부의 반대에도 강력하게 무상 분유 제공을 주장했어.

"이 정책이 어떻게 포퓰리즘입니까? 아이들이 없는 칠레에 미래가 있다고 보십니까? 내가 모든 비난을 맞겠습니다. 네슬레 본사 회장과 미팅을 당장 주선하세요."

"저기…… 그게…… 우리 칠레 정부의 어떠한 정책에도 협조할 수 없다는 것이 네슬레 본사의 입장이라고 합니다."

"흠…… 결국 뒤에 미국이 있는 겁니까?"

분유를 무상으로 공급하기 위해서는 칠레의 축산농장을 대부분 장악하고 있는 외국기업 네슬레의 협조가 절대적이었어. 네슬레에게 분유를 강제로 내놓으라고 한 것도 아니고, 아옌데 정부가 돈을 주고 산 분유를 무상공급하겠다는데 이를 거부한 이유는 무엇일까? 그리고 그들의 뒤에 미국이 있다는 아옌데의 말은 무슨 의미일까?

살바도르 아옌데의 마지막 승부수

아옌데가 취임한 지 두 달이 지난 11월 6일.

미국의 닉슨 대통령은 국가안보 회의에서 칠레를 겨냥해서 다음과 같이 말했어.

"우리 미국은 라틴 아메리카가 아무런 대가도 치르지 않고 그 길을 갈 수 있다고 믿게 내버려두어서는 안 됩니다."

이게 무슨 소리지? 보호세를 걷는 시장 깡패도 아니고 라틴 아메리카가 자신들의 길을 가는데 왜 미국에게 대가를 치러야 할까?

아옌데가 분유 무상 공급 정책과 함께 칠레 구리광산 국유화 정책을 폈기 때문에 나온 발언이야.

아옌데는 미국으로 대표되는 외국 자본으로부터 칠레의 자원과 국민을 지키고 싶었던 거야. 반면 미국은 애초에 자기들의 말을 따르지 않을 게 뻔한 칠레 사회주의 정부의 탄생 자체를 원하지 않았어. 제2의 쿠바는 상상도 하기 싫었던 거지.

가면 뒤에 숨겨진 미국의 진짜 모습이 궁금한 사람은 세계적인 석학 놈 촘스키Noam Chomsky의 글을 읽어보라고 추천하고 싶어. 미국의 숨은 의도와 이후 칠레에서 벌어진 각종 아옌데 정부의 무너뜨리기 시책은 훗날 비밀문서 해지에 따라 사실로 밝혀졌거든.

아옌데는 미국과 외국 자본의 압박에 맞서 독립적인 칠레를 만들기 위해 앞으로 나아갔어. 하지만 적은 외부에만 있는 게 아니었어. 칠레의 기득권층은 그를 아예 대통령으로 취급하지도 않았어.

"빨갱이 새끼가 하는 짓이 다 그렇지. 애들은 강하게 키워야지. 그리고 분유가 없으면 빵을 먹이면 되지. 나라의 세금을 그런 데다 쓰면 국민들이 더 게을러져."

"아옌데 그 양반은 세계적인 추세를 몰라. 민영화가 요즘 경제 추세인데 거꾸로 구리 광산을 국영화시키다니. 이래서 우리 같은 유학파들이 정권을 잡아야 한다니까."

정부가 내놓는 안건마다 반대를 위한 반대를 하는 야당과 언론의 공격까지 받는 아옌데는 손발이 묶인 채로 힘겨운 싸움을 이어나가고 있었어.

여기에 엎친 데 덮친 격으로 미국의 본격적인 작업(?)이 시작되었어.

칠레에 대한 모든 경제 원조를 끊고, 외국기업을 움직여 산업 전반에 걸쳐 태업과 파업을 조장했어. 결정적으로 미국은 전 세계 구리시장에 자신들이 보유 중이던 구리 재고를 풀어서, 칠레의 주요

수출품인 구리의 가격을 대폭 떨어뜨렸어. 집 한 채에 전 재산의 80퍼센트 이상을 투자한 서민 가장이 100채의 집을 보유한 부동산 부자의 공격에 버텨 낼 재간이 있겠어?

칠레 행정부는 일단 내부의 힘이라도 결속시키기 위해 야당에 대연정을 제안했어.

"흠…… 야당에서 대연정을 끝내 거부했습니다. 제가 말씀드린 대로 저들은 애초에 국민과 칠레는 안중에도 없었습니다. 오직 자신들의 이익만 생각할 뿐……."

"이대로는 도저히 안 되겠소. 마지막 승부수를 던집시다. 국민들에게 재신임을 묻는 국민투표를 합시다. 재신임을 받게 되면 야당도 여론의 눈치를 보느라 협조할 수밖에 없을 겁니다. 국민 투표 날짜는 9월 14일로 진행합시다."

아옌데는 초강수를 던졌어.

이 소식을 접한 CIA는 국민투표 재신임 시뮬레이션을 수차례 돌려 보았어.

"국장님! 위험합니다. 아옌데에 대한 국민의 지지가 아직도 높습니다. 이대로 국민투표가 시행된다면 재신임이 확실합니다. 이제는 아옌데를……."

"좋아요. 작전명 '산티에고에 비가 내립니다'를 실행하세요."

CIA 국장의 작전 승인 명령이 떨어지자, CIA의 공작금 1천만 달러는 칠레의 탐욕스러운 군인 아우구스토 피노체트Augusto

Pinochet에게 이체되었어. 군인이 정치에 야욕을 드러내는 순간, 그 나라의 운명은 어떻게 되는지 우리는 몸소 체득하여 잘 알고 있어.

칠레 땅에 최초의 민주적인 사회주의 정부가 들어선 지 만 3년도 안 된 1973년 9월11일. 그날은 아옌데의 재신임을 묻는 국민투표 시행 3일 전이었어.

오전 8시 30분, 갑자기 공영 라디오에서 이상한 멘트가 반복되기 시작했어.

"산티아고에 비가 내립니다. 산티아고에 비가 내립니다. 산티아고에 비가 내립니다."

이어서 칠레 군부에 의해 장악된 다른 방송들은 칠레 국가를 틀어대기 시작했어.

곧이어 쿠데타 세력은 성명을 발표하는데, 사회주의에 물들어 위기에 빠진 칠레를 구하기 위해 분연히 일어났다며, 아옌데 대통령은 24시간 이내에 대통령직을 내놓고, 외국으로 망명할 시 안전을 보장하겠다고 경고했어. 같은 시각 자국의 폭격기가 자신들의 대통령이 있는 모네다궁을 선회하는 기가 막힌 장면이 펼쳐졌어.

아옌데는 자신은 여기서 대국민 연설을 하겠다며, 가족과 측근들을 대피시켰어. 마지막까지 국민들을 향한 애정이 담긴 연설을 마친 아옌데는 가족과의 약속을 지키지 않고 궁에 남기로 했어. 그의 명령에도 함께 남은 최측근을 바라보며 그는 미소를 지었어.

"끝까지 나와 함께하겠다는 거요? 미련한 사람들. 카스트로가

준 소총을 가져오세요. 마지막까지 함께해줘서 진심으로 고맙소. 다음 생이 있다면, 그때는 내가 당신들을 위한 삶을 반드시 살겠소."

그가 스스로 자살을 했다는 설도 있고, 끝까지 저항하다 사살되었다는 설도 있는데 지금 와서 그게 뭐가 중요하겠어.

다음 날, 미국은 도둑이 제 발이 저린 것 마냥 누가 묻지도 않았는데 다음과 같은 성명을 발표했어.

"누가 묻지도 않았지만 이런 발표를 하는……. 아니, 마이크가 켜졌잖아? 아아. 아무튼 이번 칠레 쿠데타에 우리 미국 정부와 산하 어떤 기관도 관계가 없습니다."

하지만 훗날 비밀 해제된 기밀문서는 이 발표가 새빨간 거짓말이라는 것을 증명해줬어. 기밀문서에는 백악관 안보담당 보좌관 헨리 키신저Henry Kissinger가 CIA 칠레 지부에 쿠데타를 지시하는 내용이 포함되어 있어.

48시간 이내에 아옌데 정부를 끝내버릴 수 있는 치밀한 쿠데타 계획을 보고하라.

칠레 국내 경제 파탄을 위해 자금은 얼마든지 지원하겠다. 아옌데의 지지율을 떨어뜨리는 데 최선을 다해라.

미국은 칠레를 통해서 라틴 아메리카 다른 정부에 경고했던 거야. "우리 말을 안 듣고 보호세도 안 내면 대통령 놀이 못 하게 할 거야!"라고 말이야.

미국을 등에 업은 칠레의 군사정부는 미국의 충실한 개가 되어 개인의 부를 축적하기 시작했어. 나라 전체를 외국 자본에 넘기기 시작했고, 군사독재에 반발하는 국민들에게는 총칼로 대답을 대신했어. 이상하게 자꾸 어디서 많이 들어본 나라 이야기 같네……

26

튀니지에 찾아온 '아랍의 봄'

_노동자의 분신이 이뤄낸 재스민 혁명

튀니지의 전태일, 모하메드 부아지지의 죽음

2010년 12월 17일, 튀니지의 한 도시 시디부지드에서 노점상을 하던 청년이 넋이 반쯤 나간 상태로 울음을 참고 있었어.

"엄마! 어떡해요. 경찰들이 자릿세를 안 낸다고 또 제 과일과 리어카를 압수해갔어요. 아버지도 없이 어렵게 저를 공부시켜주셨는데, 죄송해요."

"뭐야? 부아지지! 경찰이 또 들이닥친 거야? 진짜 해도 해도 너무하는구먼. 대통령 일가는 마피아처럼 돈을 벌어 호의호식하고, 경찰들은 민중의 지팡이가 아니라 국민들 등에 빨대를 꽂아놓으

재스민 혁명
노동자 부아지지의 분신으로 시
작된 시위는 과열되어 튀지니
전역으로 번져나갔다.

니, 우린 다 죽으란 거야? 그리고 너도 어느 정도 돈이라도 쥐어주
지 그랬냐."

"엄마 빼고도 여섯 식구야. 경찰한테 매번 상납하고 나면 마이너
스 통장만 늘어난다니까. 나도 답답해 미치겠어. 너나 나나 우리 이
제 겨우 스물다섯 살이야. 세상이 너무 하지 않냐? 이것저것 하고
싶은 게 너무 많은 나이인데. 뭐라도 시도해보고 실패라도 해 봤으
면 좋겠어. 아예 아무것도 시작조차 할 수 없는 시궁창 같은 현실
이 너무 싫다! 내가 못난 거냐? 정치인들이 정치를 못 한 거냐?"

"어휴. 나도 너무 답답하다. 정말 답이 없다, 답이. 그냥 청춘은
다 죽어버리라는 건가? 근데 얼굴은 왜 그 모양이야?"

"경찰서에 항의하러 갔다가 맞았어. 상납금을 내지 않으면 물건을 돌려줄 수 없대. 우리 식구가 오늘 당장 먹을 저녁거리도 없어. 이대로는 억울해서 도저히 못 살겠어. 지렁이도 밟으면 꿈틀한다는 걸 보여줘야겠어. 이 편지 좀 우리 엄마에게 꼭 전해줘."

1984년생 모하메드 부아지지는 이날 시청 앞에서 온몸에 기름을 붓고, 분신자살을 시도했어. 마치 우리의 전태일 열사처럼 말이야. 이 무명 청년의 분신자살 시도가 튀니지 국민을 재스민 혁명으로 이끄는 출발점이 될 줄은 아무도 몰랐어.

자, 그럼 튀니지에 대한 간단한 개요와 이 당시 대통령이 도대체 누구인지 한 번 살펴보자고. 아프리카 하면 자동으로 척박한 자연환경을 떠올리지만, 튀니지는 유럽 국가들 사이에 지중해를 끼고 있는 자연환경이 좋은 나라야. 한니발이라는 장군은 들어본 적이 있지? 그 양반이 활약했던 옛 카르타고 땅이 오늘날 튀니지인데, 현재는 인구의 99퍼센트가 이슬람교도야. 튀니지도 아프리카 다른 나라들처럼 1881년부터 프랑스 지배를 받았고, 1956년에야 독립을 하게 되었어.

스물다섯 살 청년 모하메드 부아지지가 당장 여섯 식구가 먹을 저녁이 없어 분신자살을 시도하고 있을 때, 대통령 벤 알리Ben Ali는 뭐 하고 있었을까? 그는 1989년 4월에 대통령에 단독 출마하여 당선된 후, 2009년에 5선에 성공했어. 대통령에 단독 출마한다니⋯⋯. 어느 나라처럼 체육관에서 선거했나? 말 안 해도 어떤 식

미국방장관 윌리엄 코헨(William S. Cohen)과 벤 알리(2000)
독재 대통령 벤 알리는 국민들을 무시하고 사태를 안정화하기는커녕 금괴를 두둑
히 챙겨 외국으로 달아났다.

으로 대통령이 됐고, 권력을 유지했는지 알겠지?

장기 독재 체제를 유지하는 동안 벤 알리 일가는 동네 양아치처
럼 부를 축적했어. 자신의 모국 튀니지를 사업모델로 삼고서 말이야.

이 인간의 보유 추정 자산이 6조가 조금 넘는데! 얼쑤! 어찌 이
렇게 돈을 잘 모았을까? 그 비법 좀 한 번 들어볼까나.

잘 나가는 은행의 경영권 편법으로 뺏어오기! 돈 되는 사립대학
의 지분은 절반만 뺏어오기! 온 국민의 사유재산은 우리 벤 알리
가문의 것이오!

그럼 벤 알리 가문의 재산은? 당연히 우리 집안 것이지. 어찌 천

한 것들이 감히 넘보는가!

벤 알리의 저택에는 '파샤'라는 호랑이가 있었어. 부아지지의 가족은 피죽도 못 먹는데 이 호랑이는 하루에 네 마리의 닭고기를 먹었다고 해. 그리고 어느 암시장에서 구해왔는지 로마시대 사자 석상에서는 항상 물이 뿜어져 나왔고, 마당의 수영장 길이가 50미터가 넘었다고 하니, 마이클 잭슨의 저택인 네버랜드가 부럽지 않았어.

부창부수라고 미용사 출신의 대통령 부인 레일라는 재스민 혁명이 일어나자 외국으로 튈 때 1.5톤의 금괴를 가지고 갔고, 천 켤레가 넘는 구두는 대통령 궁에 그냥 버리고 갔다고 해. 그동안 이 악녀가 국민들 등에 빨대를 꽂고 얼마나 부를 쌓았겠어.

독재자의 몰락

자, 이제 우리의 튀니지판 전태일! 부아지지가 후송된 병원으로 가보자고. 부아지지는 분신을 시도한 후 병원으로 급히 옮겨졌지만, 생명이 몹시 위독한 상태였어. 그의 고향 마을에서는 또래들을 중심으로 시위가 조금씩 커지기 시작했지만, 개돼지들이 귀찮게 군다고 생각한 경찰은 늘 그래왔던 것처럼 강경하게 진압했어. 이 과정에서 경찰 발표에 따르면 그저 '탁' 하고 바닥을 치니 '억' 하고 시위대 두 명이 죽음에 이르게 되었다고 해.

제발 거짓말도 머리 좀 굴려서 창조적으로 하자. 이게 말이 되니?

튀니지의 작은 소도시에서 시작된 시위는 차츰 과열되었고, 이에 대통령의 참모진은 한 편의 작은 쇼를 준비하기로 했어.

"각하. 죄송합니다만 오늘 오후에 분신을 시도한 부아지지 병문안 좀 다녀와주셔야겠습니다. 번거롭게 해드려서 송구합니다. 연말을 맞은 이벤트다 생각하시고……."

"다시는…… 다시는 이런 일로 내 오후 티타임을 망치지 마세요. 이봐요! 일할 사람 많아요. 내 말 알아들어? 정신 똑바로 차리고 일하라고! 그 시골 촌구석 병실 앞에서 기자들 세워놓고 사진 딱 한 장만 찍고 올 거야. 시장 통에서 어묵국물이나 순댓국 먹으라는 따위 이야기는 꺼내지도 말아. 그런 음식들 역겨우니까."

하지만 결국 이 독재자의 성의 없는 병문안은 자신의 몰락을 재촉했어.

연말연시 이벤트 전시용으로 부아지지의 병실을 방문한 며칠 후인 2011년 1월 5일. 모하메드 부아지지는 스물여섯 살이라는 꽃다운 나이에 결혼은 물론이고 정규직 한 번 못 되어보고 생을 마감했어. 혹시 이 청년의 죽음은 튀니지 사람들의 마음에 나도 저렇게 될 수 있다는 경각심을 불러일으킨 게 아닐까? 이날을 기점으로 시위가 커지면서, 정부의 강경 진압 수위도 높아졌어.

결과는? 경찰 추산 사망자 21명, 시위대 발표 50명의 사망자가 발생했어. 이에 독재자는 긴급 성명을 발표했어.

"국민 여러분. 어디서 온지도 모르는 폭도들이 배후에서 조종하는 테러가 카세리네 지역을 넘어 전국으로 확산할 조짐을 보입니다. 정부는 이 폭도들에게 절대 굴복하지 않을 것입니다. 그리고 국민 여러분들이 그동안 조금 힘들었다는 것 알고 있어요. 그래서 일자리 30만 개를 연내에 창출하겠습니다(어때? 기쁘지? 이 멍청한 개돼지들아. 일단 이걸로 대충 시간 좀 끌고 시간이 지나면 다 잊고 연예인 기사에 악플이나 달고 있어. 제발 그냥 입 닥치고 있어라. 피곤하다)."

하지만 독재 대통령의 눈 가리고 아웅 같은 성명은 국민들의 화만 돋우는 꼴이 되었고, 시위대는 수도인 튀니스까지 들불처럼 번졌어. 멍청한 독재자는 총칼만이 유일한 해결책이라 생각하고 수도 튀니스에 통행 금지령을 내림과 동시에 군 병력을 배치했어.

팽팽한 긴장감이 흐르던 부아지지 사망 일주일이 지난 밤. 각료 회의실에서는 충격적인 대화가 오고 갔어.

"다 쓸어버리세요. 개돼지가 말을 안 들으면 도축을 해버려야지. 나도 이제 참을 만큼 참았소이다. 사태가 이 지경이 된 것은 장관 네놈들이 제때 대응하지 못했기 때문인 거 알고들 있죠? 지금이라도 늦지 않았으니, 마무리 잘들 하세요."

하지만 다음 날 놀라운 반전이 일어났는데!

"각, 각하……. 큰일입니다. 참모총장이 각하의 지시를 어기고 시위대에 대한 발포를 거부하고 있습니다. 이제 시위는 각하의 하야 촉구를 기치로 내걸고 전국으로 확산한 상황입니다. 각하, 우리는 이제 끝났습니다."

"이…… 이런……. 당장 성명을 준비시켜! 내각을 해산하고 6개월 내 조기 총선을 실시하겠다고 발표해. 일단 한 고비만 넘겨보자고."

이 독재자는 자신의 국민들을 끝까지 무시했어. 그의 마지막 변명은 당연히 씨알도 먹히지 않았고, 벤 알리는 1.5톤의 금괴만 급하게 챙겨 외국으로 줄행랑을 쳐버렸어.

독재자 벤 알리가 물러나고 튀니지의 역사적인 첫 자유선거를 앞둔 어느 날, 도심 건물 외벽에 벤 알리의 대형 현수막이 걸렸어.

"뭐야? 이게 무슨 일이야? 설마…… 저 악마가 다시 돌아온 건 아니지?"

"쉿! 입 조심해. 세상이 그리 쉽게 바뀌지는 않을 거야. 그나저나 정말로 이게 무슨 일이지? 신이 있긴 있는 거지?"

이때 용기 있는 시민 한 명이 현수막의 벤 알리 얼굴 부분을 갈기갈기 찢기 시작했고, 눈치만 보고 있던 다른 사람들도 합세하여 초대형 현수막을 마침내 끌어내렸어.

그런데 그 현수막 뒤에는 아래와 같은 문구가 있었다고 해.

"여러분! 독재자는 다시 돌아올 수 있습니다. 투표합시다."

20대의 청년 무하메드 부아지지가 목숨을 던져 일으킨 작은 불꽃은 재스민 혁명(튀니지의 국화 재스민에서 가져왔다)이라는 햇불에 점화가 되었고, 이 햇불은 튀니지뿐 아니라 아랍의 봄이라고 일컬어지는 들불이 되어 주변국까지 변화시키는 계기가 되었어.

제6부

시시하지만
알고 나면
재미있는 역사들

27

네덜란드,
튤립에 미치다
_16세기 주식시장을 뒤흔든 가상화폐

튤립이 명품이 되기까지

16세기 후반 네덜란드에서는 오늘날의 부동산 광풍을 연상시키는 튤립 파동이 있었으니! 아파트도 아니고 금은보화도 아닌 튤립 때문에 난리가 났다고? 도대체 어떻게 된 일인지 차근차근 살펴보자고.

튤립은 중앙아시아가 원산지인 구근초야. 처음 튤립의 아름다움에 반한 것은 오스만 제국의 술탄이었어. 그는 중앙아시아까지 영토확장에 힘을 쓰다 낯선 땅에서 발견한 아름다운 튤립에 매료되었어.

"오! 아름답도다! 튤립의 연구개발에 연구비를 팍팍 지원하겠다."

술탄의 전폭적인 지원으로 튤립은 품종개량도 이루어졌고, 오스만 제국의 문화와 패션 전반에 깊숙이 파고들었다고 해.

"밋밋했던 디자인의 그릇에 튤립을 그려 넣으니 명품으로 재탄생한 것 같소이다."

"어디 그릇뿐이겠습니까? 이번 F/W시즌은 튤립이 지배할 거라고 합니다."

이렇게 오스만 제국이 사랑하던 튤립은 유럽에까지 전해졌고, 1593년 네덜란드에서도 재배가 시작되었어. 네덜란드 사람들은 40년 후, 튤립 하나의 가격이 집 한 채 가격에 이를 줄은 꿈에도 몰랐을 거야.

튤립은 초창기에는 일부 상류층에서만 인기를 끌었다고 해.

"동방무역으로 우리나라 경제가 이리 호황이니 시장에 돈이 넘쳐나는군요. 참으로 호시절입니다."

"이제 집에 튤립 좀 들여놓으셨습니까?"

"당연하지요. 장군부터 제독까지 이미 들여놨습니다. 내년쯤에는 황제를 들여놓을까 합니다."

이 당시 네덜란드에서는 튤립을 장군, 제독, 총독, 황제 등의 등급으로 나누었다고 해.

튤립이 상류층에서 인기를 끌자 작전 세력들이 새로운 시장을

헨드릭 게리츠 포트(Hendrick Gerristz Pot), 〈튤립 열풍을 그린 풍자화〉(Flora's mallewagen), 1637~1638.
꽃의 신인 플로라는 두 얼굴의 여성과 환전상, 술꾼과 함께 차를 타고 바람에 의지해 앞으로 나아가고 있다. 그들의 뒤를 타락한 하를럼의 직조공들이 따르고 있으며, 그들 모두가 가는 길은 바다로 이어지고 있다.

개척하기로 했어.

"튤립으로 크게 한탕 할 수 있을 것 같은데 말이야. 부자들만 거래해서는 곤란하고 판을 키워야지."

"무슨 소리인가?"

"온 나라가 튤립에 투자하도록 만들어야지."

"에이. 부자들이야 그렇다 쳐도 돈 없는 서민들이 꽃에 투자하겠나?"

"두고 보게나. 반드시 그런 날이 올 테니."

작전 세력은 인간의 욕망을 정확히 꿰뚫었어. 오늘날 대한민국에서 집이 거주의 개념이 아니라 투자의 대상으로 변질한 것처럼 16세기 네덜란드에는 꽃에 불과한 튤립에 전 재산을 거는 사람들이 나타나게 되었어.

튤립 거래로 돈을 벌었다는 사람들이 나타났다는 소문이 퍼지자, 개미투자자들도 움직이기 시작했어. 일반 백성들에게까지 좋은 투자처라는 정보가 들려올 정도면 이미 단물이 다 빠졌다고 봐야 해. 하지만 인간이 돈에 집착하기 시작하면 한 치 앞도 분간을 못 하게 되고 말아.

"어머니! 집문서! 집문서 어디 있어요?"

"반 니스텔루이야! 왜 그러니? 그건 네 아버지가 우리에게 남겨 준 마지막 재산이란다. 도대체 이번에는 어떤 장사를 하려고 그러는지 말이라도 해다오."

"꽃! 아니, 튤립을 살 겁니다. 어머니, 이제 고생 끝입니다. 내가 그동안 날린 돈을 한꺼번에 되찾을 수 있어요."

"얘야! 제발 정신 좀 차려라. 집을 팔아 꽃을 산다는 게 말이나 되니?"

"어머니가 뭘 안다고 이래요. 내 친구는 작년에 튤립 거래로 연봉의 열 배를 벌었다고요!"

튤립이 일반인들 사이에서도 활발하게 거래가 되면서 가격은 하늘 높은 줄 모르고 치솟았고 급기야 튤립 한 송이가 중산층 노동자 연봉의 열 배에 이르는 지경이 되었어.

온 나라가 튤립 광풍에 휩싸이자 민망한 수준의 선물거래 시장도 형성되었어.

"주목! 내년에 생산될 튤립을 미리 살 수도 있습니다! 여러분! 튤립으로 인생 역전하세요. 지금 튤립 시장은 부자들도 눈독을 들이는 매력적인 시장입니다. 자! 자! 여기 계약금만 내시면 내년에 나올 튤립을 미리 살 수 있습니다."

그런데 여기서 튤립의 선물거래가 술집에서 이루어졌다는 것이 함정이야. 제대로 된 계약서나 있었겠어? 이중 삼중의 거래가 겹쳐졌지만, 누구도 신경 쓰지 않았어. 모두가 내년에 벼락부자가 될 거라는 망상으로 자신의 눈을 가렸어.

과열된 명품 튤립과 디스플레이션

튤립 시장이 과열을 넘어 광기로 치닫자 '영원한 황제'라는 뜻의 셈페르 아우구스투스는 뿌리 하나에 호화 주택 한 채 가격에 이르렀는데, 이런 고급 품종은 무게에 따라 거래되었다고 해.

이 튤립에 대해서는 웃지 못할 이야기가 전해지고 있어.

네덜란드의 한 대부호가 업무상 영국 고객을 집으로 초대했어.

"잠시 식탁에서 기다리시죠. 곧 만찬이 준비될 겁니다. 저는 잠시 나갔다 오겠습니다."

가장 비싼 튤립
17세기 네덜란드에서 가장 비싼
튤립이었던 셈페르 아우구스투스
(Semper Augustus).

영국인 손님은 혼자 남게 되자 이것저것 구경을 하다 식탁 위에 있는 튤립을 발견했어.

"뭐야? 이거 식용 꽃인가? 뿌리가 꼭 양파처럼 생겼구먼. 부자들은 유기농을 좋아한다더니 나도 맛이나 봐야겠다."

이때 집주인이 식당으로 들어왔고, 황제 튤립을 먹고 있는 영국인 손님과 눈이 마주쳤어.

"맛이 어떻소? 비싸길래 나도 그걸 먹어볼 생각을 감히 하진 못했는데."

"아! 이게 비싼 겁니까? 죄송합니다."

"괜찮소. 당신은 지금 집 한 채를 먹었소이다. 저녁은 내가 대접

하겠지만 튤립 값은 따로 청구하리다."

영국인은 마치 소형차로 외제차를 들이박은 사람 마냥 망연자실했다고 해.

튤립 시장의 폭락은 부자들이 먼저 시장에서 손을 털고 나오면서 시작되었어. 작전 세력도 한몫 단단히 챙기고 이미 시장을 빠져나온 것은 물론이야. 이들이 손을 털고 나오며 실거래가 없어지자 튤립 가격은 끝도 없이 추락했어.

반 니스텔루이의 어머니는 걱정으로 잠을 이룰 수 없었어.

"애야……. 튤립 가격이 낙엽 가격이 됐다던데 우리 집은 괜찮은 거냐?"

"어머니! 답답한 소리 좀 하지 마세요. 어떻게 우리만 안 괜찮겠어요."

"그러냐? 그런데…… 이 망할 놈이 뭘 잘했다고 큰소리야! 내더는 못 참겠다. 너 죽고 나 죽자!"

재앙은 전조 없이 찾아오지 않지만, 욕심에 눈이 먼 인간이 느끼지 못할 뿐이야. 서민 경제가 무너지고 극소수의 부자들이 배를 가득 채우고 나서야 이 재앙이 끝났어.

우리가 꽃에 눈이 멀었던 16세기 네덜란드 사람들을 어리석다고 비난할 수 있을까? 시간이 흘러 다음 시대를 살아갈 후손들이 우리를 보고 이렇게 말할지도 몰라.

"그들은 성냥갑 같은 아파트에 왜 그렇게 집착했을까?"

28

러시아 황제를
농락한 종교인
_비선 실세 라스푸틴의 비밀

러시아를 뒤흔든 사이비 종교인의 등장

2016년 최순실 국정농단 사태가 벌어졌을 때, 한 외신에서는 최순실을 '한국의 라스푸틴Rasputin'이라고 비유했어. 최순실처럼 그리고리 라스푸틴은 제정러시아 마지막 황실의 비선 실세였으며, 무려 300년 이상 지속한 로마노프 왕조의 숨통을 끊어놓은 사이비 종교인이었어.

먼저 라스푸틴이 득세할 수 있었던 시대적 배경과 러시아의 마지막 황제인 니콜라이 2세에 대해서 짚고 넘어가자고.

1868년에 태어난 니콜라이 2세가 스물일곱 살에 황제로 즉위했을 때만 해도 러시아는 꽤 잘 나갔어. 세계 최고 면적의 땅 위에 2억 명이 넘는 인구가 살고 있었고, 이를 기반으로 경제는 나날이 성장했어. 그리고 세계 5위 안에 드는 경제력을 뽐냈지. 그러나 니콜라이 2세는 23년의 재임 기간에 무려 두 번의 혁명과 러일전쟁, 제1차 세계대전까지 겪게 되는 비운의 황제이기도 해. 정상참작을 해줄 여지는 있어.

그의 사생활을 살펴볼까. 그는 즉위와 동시에 독일의 공주 알렉산드라를 아내로 맞이했는데, 이 두 사람은 무려 10년 전 눈이 맞은 사이였다고 해. 언니의 결혼식 참석차 러시아에 온 그녀에게 니콜라이 2세가 첫눈에 반했다고. 두 사람의 결혼생활은 순탄했고, 슬하에 다섯 명의 자녀를 두었는데, 막내인 황태자 알렉세이가 유독 아픈 손가락이었어. 알렉세이는 선천적으로 혈우병을 가지고 태어났고, 황태자의 지병은 라스푸틴이 러시아 황실에 입성하는 결정적 계기가 되니까 잠시 후 살펴보자고.

황제보다 1년 늦게 태어나 2년 먼저 죽은 라스푸틴은 20대 초반에 결혼도 하고 정상적인 생활을 이어갔어. 그러다 수도원에서 혼자 큰 깨달음을 얻었다고 해. 이후 아내와 상의도 없이 라이프스타일을 금욕 모드로 전환하고 기도에만 매진했고—어디까지가 사실인지는 확인하기 어려우나—그는 오랜 기도 생활과 금욕 라이프 덕분인지 미래를 내다볼 수 있는 능력과 사람의 병을 고칠 수 있는 능력을 갖추게 되었다고 해. 우주의 기운을 막 자기 손안에서 가지고 놀게 된 것일까?

기이한 외모와 비상한 두뇌, 좌중을 압도하는 카리스마와 달변으로 무장한 라스푸틴에 대한 소문은 순식간에 퍼졌어.

"정말로 그자가 앞날을 내다볼 수 있다는 말인가?"

"그렇습니다. 또한 많은 환자의 병을 고친 임상 사례도 차고 넘친다고 합니다."

"그래? 그자도 어차피 종교인이니 내가 한 번 만나봐야겠구나. 정식으로 초청장을 보내게."

이렇게 라스푸틴은 정교회 주교의 초청으로 당시 러시아의 수도였던 상트페테르부르크에 입성하게 되었어.

그의 입성 소식은 상류층에도 순식간에 퍼졌고, 그 상류층 중에는 황후 알렉산드라와 절친인 여인도 있었으니!

"라스푸틴님! 제가 러시아 황실과 연결된 핫라인입니다. 어떠셔요? 땅값이 오를 만한 곳도 좀 찍어주시고 이 지긋지긋한 편두통도 낫게 해주신다면, 제가 황제 폐하와 황후님을 만나게 해드릴 수도 있을 것입니다. 호호호. 이것이야말로 서로 좋은 것 아니겠습니까?"

이렇게 러시아 황제 부부와 안면을 튼 라스푸틴에게 주어진 첫 번째 미션은 폭탄테러로 큰 상처를 입은 고위 관료의 딸을 치료하는 것이었어.

"모두 자리를 비켜주십시오. 고도의 집중력과 에너지가 필요한 일입니다. 제가 치료를 하는 동안 누구도 방해해서는 안 됩니다."

그리고리 라스푸틴
기이한 외모와 비상한 두뇌로
러시아 황실의 비선 실세가 되
었다. 황제와 황후를 조종해 국
정운영까지 손댔으나, 유수포프
에 의해 암살당했다.

그리고 얼마 후, 라스푸틴의 기도와 신묘한(?) 치료 덕분인지 그
녀는 곧 건강을 회복했고 이 소식을 들은 황제와 황후는 완전한
암흑 속에서 한 줄기 빛을 본 것처럼 흥분했어.

"폐하! 혹시…… 혹시 말입니다. 라스푸틴 그자라면 우리 알렉
세이의 혈우병도 고칠 수 있지 않을까요?"

"이 큰 땅덩어리에서 난다긴다하는 명의들도 두 손 두 발 다 들
었지만, 라스푸틴 그자라면. 나도 왠지 믿음이 가오."

황후는 혈우병으로 고통받는 아들의 모습을 보면서 매일 고통
속에서 보냈고, 이런 연유로 심신이 병약해진 상태였어.

다음 날부터 라스푸틴의 운명을 완전히 바꿔놓은 러시아 황태

자 집중치료가 시작되었어. 그는 놀랍게도 이번에도 큰 성과를 냈고, 황제도 이에 크게 기뻐했음은 물론이야.

이후 황후는 라스푸틴을 맹목적으로 추종하기 시작했다고 해.

"라스푸틴은 우리 아들의 생명의 은인이자, 하늘이 우리 가족에게 보내준 천사입니다. 또한 그는 위대한 예언가이기도 하니, 이 어찌 러시아의 축복이라고 하지 않을 수 있겠습니까."

나라를 망하게 한 라스푸틴의 최후

황후의 전폭적인 지지가 있으니 그녀의 라인을 타려는 자들도 라스푸틴에게 줄을 댈 수밖에 없었어. 이에 라스푸틴은 굴러들어 오는 복과 권력을 마구 남용하며 나라를 좀먹기 시작했어.

"황후시여! 제가 지난밤 꿈을 통해 계시를 받았습니다. 제 하찮은 목숨이 송구하게도 우리 러시아 로열패밀리의 존엄과 매우 밀접하게 얽혀 있다고 합니다. 제 하찮은 목숨은 상관없으나 러시아와 황실의 미래를 생각하면……."

"오! 그렇군요! 라스푸틴님을 소중히 지키는 것이 우리 황실과 러시아를 지키는 것이 되겠군요. 잘 알겠습니다! 그런데 제가 이걸 여쭙기 참 애매하지만, 워낙 보고가 자주 들어와서, 절대로 노여워하지 마세요. 라스푸틴님이 여인들을 농락하고 다닌다는 가당치도 않은 소문이 있습니다. 사실이 아니지요?"

"황후님! 그것은 새빨간 거짓말입니다. 저는 결코 그런 삶을 살지 않았습니다. 참으로 실망입니다. 황후님은 이 라스푸틴을 전적으로 믿으셔야 합니다."

다음 날, 라스푸틴을 시베리아로 유배 보내려던 고위 관료가 오히려 라스푸틴 대신 시베리아행 특급열차에 오르게 되었어.

라스푸틴의 국정농단이 정점을 찍은 시점은 황제가 전쟁터로 직접 나선 1915년이었어. 황제가 자리를 비우자 라스푸틴은 자신과 친한 사람을 각각 국방부장관과 내무부장관으로 임명했을 정도였어. 라스푸틴은 어디 밀실에 앉아서 연설문도 쓰지 않았을까? 그는 심지어 전쟁터에 있는 황제에게 군사 작전에 대해 명령하기에 이르렀어.

"제가 어제 잠들기 전 우주의 기운을 모아 모아 에너지를 집대성하여 꿈을 드림했더니, 이런 계시를 받았습니다. 여기 수첩에 잘 적어놓았으니 전장에 계신 황제께 전달하세요."

더 충격적인 것은 황제가 전쟁터로 나가면서 궁의 기둥을 뽑아간 것도 아닌데, 궁에 새로운 기둥이 들어섰다는 소문이 돌기 시작했어.

"라스푸틴이 황후의 기둥서방이라는 소문이 진짜일까?"

"황후가 그자의 말이라면 팥으로 메주를 쑨다고 해도 믿는데 정황상 그럴 수도 있겠지! 그나저나 전쟁하느라 나라 경제는 바닥인데도 부자들은 더 잘살게 되고 나라가 어디로 가나 모르겠네."

이에 황제의 어머니는 전쟁터에 있는 아들에게 긴급 서신을 보냈어.

애비야! 애미랑 라스푸틴이 뭔가 이상하다. 어서 집으로 돌아오너라.

하지만 황제마저도 라스푸틴에게 홀린 상황이었어.

어머니! 라스푸틴은 절대 그럴 사람이 아닙니다. 천한 것들의 소문은 믿지 마세요. 그는 신께서 보낸 성자입니다.

'이제 우리 집안만의 문제가 아니라 이 나라가 침몰하겠구나.'
이후 '피의 일요일'을 겪은 민심은 황실에 완전히 등을 돌렸고, 로열패밀리의 맹목적인 라스푸틴 추종으로 귀족 및 종교계는 자기 지분 찾기에 혈안이 되었어.
이렇게 되자 라스푸틴 암살 계획이 구체적으로 진행되기 시작했어. 먼저 황제의 조카인 이리나 공주의 남편 유수포프가 목에 핏대를 세우고 있는 현장으로 가보자고.
"어디서 굴러먹다 온지도 모르는 사이비 종교인이 러시아 전체를 말아먹으려 하고 있소이다! 이런 인간이 국정을 농단하는 꼴을 더 좌시할 수 없습니다."
"맞습니다. 그자가 감히 우리 유수포프님의 부인이자 황실의 친척인 이리나 공주님에게 대놓고 작업도 하고 있답니다."

"어쩌면 기회일지도 모릅니다. 우리 집사람 명의로 그자에게 파티 초대장을 발송하겠습니다. 그리고 그를 위하여 죽음의 무도와 독이 든 와인을 준비하겠습니다."

이리나 공주의 초대를 받았다고 생각한 라스푸틴은 들뜬 마음으로 파티장에 도착했고, 독이 든 와인과 다과를 마구 마시고 먹었어. 그러나 거친 숨을 몰아쉴 뿐, 라스푸틴의 생명은 지장이 없는 것처럼 보였어.

"공…… 공주는 언제 나타나는 것이요? 휴…… 왜 이리 숨이 차지? 음악이라도 좀 틀어주시오."

'뭐… 뭐야, 이 인간은? 혹시 진짜… 무슨 초인이라도 된단 말인가?'

당황한 유수포프는 플랜 B로 준비한 총을 네 발이나 쏜 후에 라스푸틴을 쓰러트릴 수 있었다고 해.

"뭔가 찜찜하다. 강에다 던져버려라."

라스푸틴이 사망 후 자신의 죽음을 예언한 듯한 편지가 발견되었는데, 내용인즉슨 자신을 죽이는 자가 황실과 관련 있는 자라면 러시아 황실도 몰락할 것이라는 내용이었다고 해.

과연 어땠을까? 놀랍게도 라스푸틴 사망 후인 1917년 2월 혁명으로 니콜라이 2세는 황제 자리를 내려놓게 되었고, 1918년 다섯 명의 자녀(올가, 타티야나, 마리야, 아나스타샤, 알렉세이)와 함께 죽음을 맞이했어.

29

신의 계시를 받은
이슬람의 설계자
_무함마드와 메카 수복

예언자 무함마드의 탄생

경제전문지 《비즈니스 인사이더Business Insider》에서 이슬람에 대한 몇 가지 오해를 소개했어. 무슬림하면 우리는 아랍인을 떠올리는데, 놀랍게도 전 세계 무슬림 중 아랍인은 겨우 20퍼센트라고 해. 그리고 지역적인 오해가 있는데, 무슬림하면 중동을 떠올리지만, 전제 무슬림의 62퍼센트는 중동 외에 다른 지역에서 살고 있다고 해. 마지막으로 여성의 노출을 엄격히 금지하는 이란과 사우디아라비아는 전 세계 무슬림의 1퍼센트에 미치지 못한다고 해.

이런 걸 보면 우리는 이슬람 문화나 종교에 대해서 참으로 무지한 거 같아. 어쩌면 우리의 무지가 혐오로 이어지는 건 아닐까? 세계는 결코 서양과 그 외 나라들로 나누어질 수 없어. 우리에게 생소한 세계에 대해서 조금씩이나마 알아가는 시간이 필요하다고 생각해.

그래서 이번 기회에 이슬람의 창시자인 무함마드에 대해서 쉽고 재미있는 설명으로 독자 제위 여러분의 뇌에 지식의 주름을 한 줄 보태고자 이 글을 준비했어.

메카는 많이 들어봤지? 힙합의 메카, 스포츠의 메카, 시계의 메카 등 우리에게 너무나 친숙한 지명인 이곳에서, 오늘날 이슬람교도들에게 예언자 또는 신의 사도라고 불리는 무함마드가 570년에 태어났어.

당시 상업의 중심지이자 다신교가 자유롭게 어우러진 메카는 쿠라이시 부족이 크게 영향력을 떨치고 있었어. 무함마드는 쿠라이시 부족의 하심가에서 태어났어. 한마디로 뼈대 있는 가문에서 태어난 거야. 하지만 태어나보니 아버지께서는 이미 돌아가셨고, 어머니마저 그가 초등학교도 입학하기 전에 돌아가셨어.

"손자야! 너는 오늘부터 이 할애비 집에서 지내도록 하자."

열 살이 되기 전까지 그는 할아버지 아래에서 양을 치는 목동으로 지냈다고 해. 생활이 궁핍했을 거란 건 굳이 말하지 않아도 알겠지? 그래도 핏줄은 속일 수가 없는지 목동 생활을 하면서도 일대에서 평판이 아주 좋았다고 해.

"여보! 그 새로운 양치기 무함마드가 여간 의젓하지가 않아요. 어린 애가 벌써 사색을 하고, 식탐도 없어서 음식도 항상 소식한다지 뭐예요."

"사위 삼았으면 딱 좋겠어! 근동에서 믿을 만한 아이라고 소문이 자자해. 아주 크게 될 상이야."

이런 평판은 곧 하심가의 새로운 수장이 된 그의 삼촌의 귀까지 들어갔어.

"그래? 안 그래도 집안에 믿을 만한 사람이 없어 걱정이었는데, 내가 한 번 잘 키워봐야겠군. 사업을 같이 하기에는 핏줄만 한 보증서가 없지. 암, 그렇고말고."

그는 10대의 어린 나이지만 삼촌을 따라 시리아 일대를 누비며 세상은 넓고 할 일은 많다는 것을 몸소 체험하며 청년이 되어가고 있었어.

그러던 어느 날 숙부가 조용히 그를 불렀어.

"애야. 거기 앉아 보거라. 너도 우리 집 양자가 된 지 10여 년이 지나 어느새 스물다섯 살이 됐구나. 사실 내가 너를 데려올 때만 해도 기대가 상당했는데 말이야."

"죄송합니다. 거두어주고 키워주신 은혜는 평생 잊지 않겠습니다. 저도 밤낮을 가리지 않고 미생에서 탈출하기 위해 노력하고 있습니다."

"그게 어디 네 잘못이더냐 문제는 쩐이다, 쩐. 사업을 하려고 해

천사 가브리엘의 계시를 받는 무함마드(14세기)
610년 천사 가브리엘에게 계시를 받은 무함마드는 알라신이 유일신이라는 이슬람교를 창시했다.

도 쩐이 뒷받침이 안 되니, 너나 나나 몸만 축나고. 방법이 하나 있긴 한데……."

"그게 무엇입니까? 무슨 일이든지 반드시 해내겠습니다. 말씀만 해주십시오."

"과부 하디자에 대해서 어떻게 생각하느냐?"

"덕망 있는 고귀한 인품의 소유자라고 들었습니다. 지금은 비록 혼자이시지만 막대한……."

"그래. 그게 포인트야! 엄청난 재산을 물려받은 미망인이지. 내가 손을 써놓았으니 내일부터 그 집에 가서 일하도록 하거라. 그녀는 틀림없이 너를 좋아하게 될 것이다. 만일 그렇지 않다면 그녀가 너를 좋아하게 만들어야 할 것이야."

"그렇지만. 저보다 열다섯 살이나 연상인데……."

하지만 무함마드는 타고난 인품과 성실함으로 그녀의 마음을 사로잡았고, 둘은 요즘 대세라는 연상연하 커플이 되어 신혼 생활을 시작했어. 이미 훌륭한 청년이었던 무함마드는 부인의 재력이라는 날개가 장착되자 물론 사회적으로 고공비행이 가능해졌어. 부와 명성을 얻으며 속세에서 살아가는 와중에도 그는 명상을 게을리 하지 않았어.

기독교의 박해를 받다

시간은 유수와 같이 흘러, 그가 메카 인근의 히라산의 한 동굴에서 명상에 빠져 있었던 어느 날.

'내 나이 어느새 마흔. 세속적인 성공으로도 채워지지 않는 마음속의 허전함과 불안함은 어디서 오는 것일까? 명상만이 진리를 찾는 유일한 방법일까?'

이때 갑자기 그의 눈앞에 천사가 나타났고, 그에게 알라의 계시를 전하기 시작했어. 무함마드가 신의 계시를 처음 들은 때가 610년이고 그가 죽는 632년까지 들은 신의 음성을 기록한 책이 이슬람의 경전인 《코란Koran》이야.

무함마드는 너무나 충격적인 경험을 한 후, 집으로 급히 향했어.

"여보. 내가 명상을 지나치게 많이 했나 보오. 천사 같은 헛것이 막 보이고, 이러다 미치겠소이다. 이 일을 어쩌면 좋소?"

"아니, 우리 허니 얼굴이 사색이 됐어요! 우선 물 한 잔 들이키고 차근차근 이야기를 해보세요."

"천…… 천사 가브리엘을 만난 거 같소. 그리고 알라신이 유일신이라는 요지의 개시를 받았어요. 다신교의 도시 메카에서 이런 기묘한 경험을 하다니 참으로 우습지요?"

"우리 일단은 판단을 보류해요. 사촌 오빠가 기독교와 유대교 양쪽에서 알아주는 종교인이니 내가 지금 당장 가서 알아보고 올게요."

무함마드는 오한을 느끼며 이불을 뒤집어쓴 채로 아내가 돌아오기만을 기다리고 있었어.

몇 시간 후 집으로 돌아온 아내는 그에게 예를 갖추며 이렇게 말했다고 해.

"당신은 신의 계시를 받은 것이 분명하다고 합니다. 분명히 어려운 고행의 길이 될 것이지만, 제가 당신의 첫 번째 신도가 되어 미약하나마 힘을 보태겠습니다."

이후 이 부부는 다양한 종교가 뒤섞여 있는 상업 도시 메카에서 유일신을 믿는 이슬람교의 포교 활동을 시작했어. 처음 몇 년간의 미미한 활동은 메카의 기득권 세력들의 시선을 끌지 못했지만, 차츰 이슬람교를 믿는 사람들이 늘어나자 박해가 시작됐어.

"여러분 무함마드가 포교하는 이슬람을 더는 좌시할 수 없게 됐소이다."

"맞습니다. 우리 메카는 다양한 종교가 자유롭게 어우러지는 다신교의 메카인데 유일신이라니요."

"다신교의 상징적인 장소이다 보니 다양한 종교인들이 우리 메카를 방문함으로써 얻는 관광 수입도 짭짤한데 큰일입니다. 이제 그자를 제거해야 하지 않겠습니까?"

"아직은 때가 일러요. 그의 후견인인 삼촌이 죽은 후, 즉! 하심가에서 무함마드를 버리는 날이 우리의 디데이입니다."

박해 속에서도 시간은 잘도 흘러 619년, 그의 든든한 버팀목이 되어주던 숙부가 세상을 떠나고 말았어. 또한 무함마드의 부인도 유명을 달리하고 말았어. 그는 다시 혼자가 되었지.

기득권 세력의 박해 속에서 살얼음판 같던 3년의 세월이 흐른 뒤 622년 7월 16일. 이슬람교의 첫 번째 남자 신도인 알리가 무함마드의 침실로 뛰어들었어.

"우리 가문에서는 더는 무함마드님을 보호하지 않기로 방금 결정을 내렸습니다. 아버지께서 돌아가신 후, 3년이나 버텼다는 것은 어쩌면 행운인지도 모릅니다. 이제 목숨이 위태로우십니다. 어서 저와 옷을 바꿔 입으시고, 이곳 메카를 떠나셔야 합니다."

"알았네. 그럼 우리 메디나에서 반드시 다시 만나세."

이슬람에서는 무함마드가 메디나로 떠난 이 해를 이슬람의 원년으로 지정했어. 또한 메디나는 오늘날 예루살렘, 메카와 함께 이슬람의 3대 성지로 꼽히는 곳이야.

메디나에서 국가와 민족을 초월하는 이슬람 공동체를 만들어 착실히 기반을 다져 나가던 무함마드는 때가 되었다고 생각하자 메카 정복의 의지를 천명했어.

"우리 이슬람은 유일신인 알라를 믿으며 반드시 메카 수복이라는 대업을 달성할 것이다. 전의를 다지는 의미에서 오늘 이 시간부터 그동안 예루살렘을 향해 기도하던 것을 멈추고, 기도의 방향을 메카로 바꾸는 것을 선언하는 바이다. 또한 다음 행보로는 시리아로 향하는 메카의 거대 무역상들을 공격하여 그들의 돈줄을 막을 것이다."

메카의 자본과 권력을 쥐고 있던 기득권을 피해 전략적 기지를 메디나로 옮긴 무함마드는 종교 지도자의 역할뿐 아니라, 군사 지도자로서의 모습을 보이며 승승장구했어.

"메카의 거대 상인들로부터 획득한 돈의 20퍼센트는 반드시 생활이 어려운 고아와 미망인들에게 배분하도록 하라."

그리고 메디나에 입성한 지 8년이 지난 630년, 수많은 위기와 난관을 극복하고 무함마드는 마침내 메카로 입성했어.

"오늘 이 시간부터 메카에는 이슬람교만이 존재한다. 카바 신전에 있는 모든 다른 종교의 흔적을 깨끗이 지워버려라."

무함마드는 632년에 지병으로 사망할 때까지 소식과 검소한 생활을 유지했다고 해. 그가 설계하려던 이슬람은 어떤 모습이었을까? 그는 오늘날 이슬람교가 이렇게 많은 사람의 마음을 얻는 한편, 수많은 편견과 오해 속에 놓이게 될 것을 예상이나 했을까?

30

꿈꾸지 말아야 할 것을
꿈꾼 최악의 지도자
_페루를 망친 후지모리 대통령

페루를 장악한 아시아계 대통령

1936년, 한 일본인 부부가 해외 이민을 준비하고 있었어.

"여보! 남아메리카에서 브라질, 아르헨티나 다음으로 큰 페루로 떠납시다."

"좋아요! 우리는 아직 청춘이니까요. 잉카 제국의 후손 페루에서 새 삶을 시작해요."

그리고 이민한 지 2년이 지난 1938년, 그들은 아들을 낳았어.

"여보, 우리 아기 알베르토 후지모리Alberto Fujimori는 커서 뭐가 될까요?"

알베르토 후지모리(1990년 당시)
1990년 페루 최초의 아시아계 대통령이 된 알베르토 후지모리는 외국 투기 자본에 나라를 팔아 경제발전을 이루는 것처럼 보였으나. 3선 출마를 위해 많은 악행을 저질렀다. 2010년, 25년형을 받고 투옥되었으나 곧 사면되었다.

　"글쎄요. 이민 2세라⋯⋯. 그저 건강하게 잘만 자랐으면 좋겠소."

　이 아이는 52년 후, 페루는 물론 라틴 아메리카 최초로 아시아계 대통령에 당선되는데! 대통령이 된 것도 놀라운데 페루 역사상 최악의 대통령 반열에 오르게 될 줄은 아무도 몰랐겠지?

　1990년 페루 대통령이 된 후지모리는 경제발전을 명목으로 외국 자본에 시장을 개방하고, 민영화 작업에 착수했어. 실상은 외국 투기 자본에 나라를 팔아먹고 있었지만, 경제가 수치상으로는 발전하는 것처럼 보였어. 여기에 반정부 게릴라와의 전쟁에서도 승리하니 그의 대중적 인기는 날로 높아졌어. 이에 힘입어 재선에 성공하자 그는 그만 권력에 눈이 멀어 꿈꾸지 말아야 할 것을 꿈꾸기 시작했어.

"재선까지는 허용되지만 3선을 위해서는 개헌이 필요하다. 무슨 수를 써서라도 3선에 도전할 수 있는 틀을 마련하라."

"네! 각하!"

"아! 그리고 내일이 그 날인가? 누가 가기로 했나?"

"네! 일본 대사관에서 열릴 예정이고 각하의 어머니와 동생분도 참석하기로 했습니다."

1996년 12월 17일, 페루의 일본대사관에서는 아키히토 일왕의 예순세 살 생일 파티가 열리고 있었어. 후지모리 대통령의 가족 외에도 각계 고위인사 452명이 참석하는 대형 행사였어.

"아이고! 어서 오십시오! 이민자를 이 나라의 대통령으로 키우신 위대한 어머니. 참으로 고생이 많으셨습니다. 폐하께서도 몹시 자랑스러워하십니다."

"가문의 영광입니다."

이때 10대 소녀 두 명을 포함한 14명을 태운 구급차 한 대가 파티장 안으로 굉음과 함께 들이닥쳤어.

"이건 뭐야?"

그리고 구급차 안에서 각종 무기로 무장한 자들이 소리를 지르며 내렸어.

"모두 바닥에 엎드려! 우리는 투팍 아마루Thupaq Amaru 2세를 잇는 MRTA(페루의 반정부 게릴라 조직)다. 허튼짓 하면 죽을 것이고, 우리 말에 따르면 절대 해치지 않는다. 우리는 단지 후지모리 대통령에게 우리의 지도자 빅토르 플라이의 석방을 요구할 뿐이다."

18세기 스페인 식민지 시절 잉카 제국의 부흥을 기치로 내걸었던 위대한 투사 투팍 아마루 2세를 앞세운 MRTA는 신자유주의 반대를 부르짖으며, 페루 정부를 상대로 도시 게릴라전을 펼치고 있었어.

이들은 4미터에 이르는 요새 같은 벽과 방탄유리로 모두 세팅된 페루 주재 일본대사관에 정상적인 방법으로 침입할 수 없자 구급차를 이용했던 거야.

사건 자체도 충격적이었지만 인질들이 워낙 고위급 인사였기에 페루가 발칵 뒤집혔어.

"이 빨갱이 놈들이 감히 거기가 어디라고! 그자들의 요구 조건을 절대 들어줘서는 안 된다!"

"각하! 인질 중에는 각하의 가족도 포함되어 있습니다. 일단 저들의 요구 조건을 어느 정도 들어주면서 인질의 숫자를 줄이는 것이 중요합니다."

"아! 3선에 꼭 성공해야 하는데, 내가 여기서 강경한 이미지를 보여주지 못하면 내 정치 생명은 끝이란 말이다."

"그래도 일단 사람은 살리고 봐야 하지 않겠습니까?"

후지모리 대통령은 애간장을 끓이며 무려 4개월 동안 MRTA와

대치했어. 그 사이 그들의 요구를 일부 수용하면서 인질도 남성 72명만 남게 되었어.

"자, 이제 코드명 '차빈 데 우안타르'를 실행하라."

페루의 고대 유적지의 이름을 딴 이 작전의 핵심은 바로 땅굴을 파는 것이었어.

"네! 각하! 대사관 앞 지휘 본부 아래를 시작으로 총 길이 200미터에 이르는 아홉 개의 동굴을 파겠습니다. 디데이는 4월 22일입니다."

한편 대사관 안에서는 인질극이 126일째 이어지자 테러범들도 지쳐가고 있었어.

"거실에서 축구라도 좀 하자. 답답해 죽겠다."

"어째 너무 조용한 게 오히려 이상한데? 기습 공격이라도 하는 거 아냐? 방탄유리 때문에 헬기로 낙하해도 소용이 없고, 혹시 막 땅굴을 파고 그러는 거 아냐?"

"야! 창의력 참 기발하다. 정부는 절대 무력 진압을 못 해! 여기 있는 인질들 면면을 보라고."

그때 거실 아래에서 폭탄이 터졌고, 그 자리에서 테러범들 중 세 명이 사망했어. 이어서 그들과 페루 특수부대원들 사이에 총격전이 벌어졌지만 상상도 하지 못한 땅굴 공격으로 28분 만에 모든 상황이 종료되었어.

작전이 완료되자 방송국 카메라는 한 손에 총을 들고 방탄복을 입은 채 현장을 분주히 오가는 후지모리 대통령을 비추고 있었어.
이 모습을 본 일부 페루 국민들은 이렇게 말했지.

"역시 우리 대통령은 멋있어. 대통령이라면 뭔가 저런 강한 모습
이 있어야지."

일본으로 도망친 대통령의 최후

이후 후지모리 대통령은 헌법을 개정하고 3선에 성공했으나, 이
과정에서 하지 말았어야 할 수많은 악행을 저질렀어.

간략하게 몇 가지만 소개하면 3선 출마를 위헌이라고 선언한 헌
법재판소 판사를 파면했고, 독재에 따른 각종 비리를 폭로한 방송
국 사장을 경질했어. 결정적으로 그의 최측근이 야당의원들을 매
수, 협박하는 동영상이 뉴스에 보도되었어. 국민의 분노는 걷잡을
수 없이 커졌고 야당도 총공세를 펼쳤어.

위기를 느낀 후지모리는 대사관 인질 구출을 능가하는 기상천
외한 작전을 펼쳤어.

"아! 아! 최근 본인과 관련되어 나오는 각종 보도와 야당의 폭로
는 모두 다 새빨간 거짓말입니다. 여러분! 저를 믿으시죠? 제가 내
일 APEC 참가로 일단 출국합니다. 하지만 귀국 후에는 모든 의혹
을 한 점도 남기지 않고 말끔하게 정리하겠습니다."

"각하, 도대체 어쩌시려고?"

"일단 튀는 거지 뭐. 상황이 너무 안 좋아. 지금은 삼십육계 줄행 랑이라고 내 촉이 말한다."

APEC 참가를 위해 외국으로 튄(?), 아니 출장을 나간 후지모리 는 자신의 뿌리를 찾아 일본으로 비행기 기수를 돌렸어. 그리고 충 격적이게도 일본에서 페루에 대통령직 사표를 팩스로 보냈어.

"사랑하는 페루 국민 여러분! 본인은 오직 국민과 나의 조국 페 루를 위해서 대통령직을 사임함을 알리는 바입니다."

후지모리는 미꾸라지처럼 잘도 도망다니다가, 2010년에 대통령 재임 기간 중 저지른 각종 부패와 민간 학살 등의 죄목으로 25년 형을 받고 투옥되었고, 또다시 사면되는 등 듣기도 싫은 행보를 이 어가고 있어.

찌라시 세계사
썰로 시작해 재미로 끝내는 속성 세계사 30

초판 1쇄 인쇄 2020년 7월 24일 초판 1쇄 발행 2020년 7월 31일

지은이 김재완
펴낸이 연준혁

편집 1본부 본부장 배민수
편집 4부서 부서장 김남철
편집 신민희
디자인 하은혜

펴낸곳 ㈜위즈덤하우스 **출판등록** 2000년 5월 23일 제13-1071호
주소 경기도 고양시 일산동구 정발산로 43-20 센트럴프라자 6층
전화 031)936-4000 **팩스** 031)903-3893 **홈페이지** www.wisdomhouse.co.kr

ⓒ 김재완, 2020

ISBN 979-11-90908-52-8 03900

* 이 책의 전부 또는 일부 내용을 재사용하려면 반드시 사전에 저작권자와
  ㈜위즈덤하우스의 동의를 받아야 합니다.
* 인쇄·제작 및 유통상의 파본 도서는 구입하신 서점에서 바꿔드립니다.
* 책값은 뒤표지에 있습니다.

이 도서의 국립중앙도서관 출판예정도서목록(CIP)은 서지정보유통지원시스템
홈페이지(http://seoji.nl.go.kr)와 국가자료종합목록시스템(http://www.nl.go.kr/
kolisnet)에서 이용하실 수 있습니다. (CIP제어번호: CIP2020029948)